玄奘西征年代考
吐谷渾種裔及其成族與初期歷史（手稿）
（合訂本）

潘國鍵著

The SenSeis

First Edition
Aug 2024

Published by
The SenSeis 尚尚齋
Toronto
Canada
www.thesenseis.com
publishing@thesenseis.com

ISBN 978-1-989485-36-1

出版說明

本書乃潘國鍵所撰《玄奘西征年代考》與《吐谷渾種裔及其成族與初期歷史》的合訂本。《玄奘西征年代考》原載1972年香港中文大學《新亞書院歷史學系系刊》。《吐谷渾種裔及其成族與初期歷史》則為潘氏1992-93年寫的手稿。兩文俱屬較嚴謹的學術著述，對研究玄奘又或吐谷渾的歷史，當大有幫助。

尚尚齋謹識

2024年8月

玄奘西征年代考

玄奘西征年代考

潘國鍵

目錄

玄奘西征年代考

潘國鍵

有關玄奘西行之年代，諸說不一，最著者莫如貞觀三年一說。茲分述如次：

釋辯機大唐西域記卷十二：「（玄奘）以貞觀三年仲秋朔旦，褰裳遵路，杖錫遐征，資皇化而問道，來冥祐而孤遊。」釋慧立大唐大慈恩寺三藏法師傳卷五：「遂以貞觀三年，四月，冒越憲章，私往天竺。」

道宣續高僧傳集二卷四：「會貞觀三年，時遭霜儉，下敕道俗，隨豐四出，幸因斯際，經往姑臧，漸至燉煌。」

冥詳大唐故三藏玄奘法師行狀：「貞觀三年，將欲首塗，又求詳應………遂即行矣，時年二十九也。」（大藏經史傳部二）

於是近人張星烺在其大著中西交通史料彙編卷一六七遂據而謂玄奘西行在貞觀三年。此說本無以易，然梁啟超中國歷史研究法一書首疑此年代記載之失當，並提出其「貞觀元年說」，研究法第五章謂：

「讀慈恩傳，見奘在于闐所上表中有『貞觀三年出遊，今已十七歲』等語………吾乃將慈恩傳中所記行程及各地淹留歲月詳細調查，覺奘自初發長安以迄歸達于闐，最少亦須滿十六年有半之時日，乃敷分配，吾於是漸棄其二年之假說，而傾向於元年之假說。」

結果則梁所立「『玄奘貞觀元年首塗留學』之假說，殆成鐵案矣。」至其主要證據，則為（A）貞觀元年霜儉；及（B）西突厥統葉護可汗被殺之年代。其後馮承鈞譯沙畹西突厥史料，亦引據梁說。然梁、馮之貞觀元年說固係有理，惟所論過簡，未足使人折服。蓋西突厥葉護可汗之死，我國史典所記年代不一（詳後論），而霜儉之事，亦非貞觀元年獨有，舊唐書卷二謂：

「（貞觀元年）是月（八月）關東及河南隴右沿邊諸州霜害秋稼。………（貞觀二年）……五月大雨雹。……（八月）是月，河南河北大霜，人饑。」（新唐書卷二略同）

且新書卷三十六五行志亦載「（貞觀）三年，北邊霜殺稼」一事，此實證明貞觀元年、二年、三年皆有霜儉之事也，且通鑑太宗貞觀元年八月條，亦無旱饑事之註載，而馮承鈞譯西突厥史料註案引續高僧傳及開元釋教錄云「是年霜儉下敕」等語以為證，馮、梁又焉知霜必在隴右而非在河南河北？況所下敕，「道俗隨豐四出」，梁氏遂據此即謂玄奘「乃攙在饑民隊中

」，試想若隴右大霜，饑民又安有投奔隴右之理？（時奘在長安，出發至秦、蘭、涼、瓜州，即隴右也）若隴右大霜，則「道俗隨豐四出」者，殆不至愚至於群趨隴右，蓋其地非「豐」者又甚明矣。

今爲要解決此問題，或可自三方面探索之，即：

（1）玄奘西行之年齡；

（2）玄奘出西域時西突厥王朝之狀況；

（3）貞觀初之中西關係。

茲續項討論之，並明其條目。

（一）玄奘西行之年齡

記述玄奘西行諸書，有關玄奘早年生活，以法師傳最詳。惟玄奘出生年月，諸傳不載。今以法師傳所得材料爲主，參以行狀（冥祥），續高僧傳，將玄奘早年事蹟，試繫年排列，以推求其西行之年份，主據下列諸要點，即：

（A）續高僧傳卷四載：「武德五年，二十有一，爲諸學府雄伯沙門講揚心論。」法師行狀並言「法師年二十有一，以武德五年，於城都受具。」則武德五年，玄奘行年二十一歲，當甚可信，以此上推，則法師生於隋文帝仁壽二年也，而大業十年，法師年十三出家之事，亦正與鄭善果爲大理卿之年代相符（見附論二）。

（B）武德元年，天下紛亂，玄奘避難入蜀，行狀以其在蜀四、五年間，究通諸部，則與武德五年玄奘在城都受具，講揚心論諸事，正相脗合。

（C）玄奘於貞觀十九年春正月返抵長安，諸書所載一致，殆已無可疑。若玄奘於貞觀元年底出發西行，十九年一月抵長安，計其在西域之實在年數，係十七年，與法師歸國途抵于闐上表云「歷覽周遊，一十七載」（法師傳卷五）一語相合。（按，舊唐書卷一九一僧玄奘傳亦稱其「在西域十七年」。）

再檢法師傳卷一，有「遂即行矣，晚年二十六也。」若奘生於仁壽二年爲不誤，則貞觀元年奘年二十六歲，並於是年出西域者，甚爲合理。

（D）玄奘死於高宗麟德元年，諸傳載之無異者，故其死之年份可信。據法師行狀，則奘歸國後，致力於譯經事業以來，「于今二十載」，是法師回國後工作十九餘年方死。余以法師生仁壽二年，則法師西行回國（貞觀十九年）時年四十四歲，再推十九年，正麟德元年，亦法師死年，計之，法師死時年六十三，剛與行狀所記玄奘自道「今麟德元年，吾行年六十有三」不謀而合也。（法師傳卷十、行狀，續高僧傳卷五，皆言玄奘死於麟德元年二月）。

今具列年表如下：

年　　代	事　　　　　　　蹟
隋文帝仁壽 二年（６０２Ａ．Ｄ．）	玄奘生於洛州。
煬帝大業 五年（６０９Ａ．Ｄ．）	年八歲，父知其必成。
八年（６１２Ａ．Ｄ．）	年十一。
十年（６１４Ａ．Ｄ．）	年十三，備盡師宗，美問芳聲，從茲發矣。 出家於洛。（道宣續高僧傳。法師傳，智昇開元釋教錄）
唐高祖武德 元年（６１８Ａ．Ｄ．）	年十七，入長安，隨又入蜀。在蜀「四、五年間，究通諸部」 （冥祥行狀）
五年（６２２Ａ．Ｄ．）	年二十一，「於城都（卽成都）受具，坐夏學律。」（行狀 ）。（按：法師傳卷一作「法師年滿二十，卽以武德五年， 於成都受具」，疑有脫字）。 是歲，私與商人結侶，泛舟三峽，沿江至荊州、趙州、入長 安「結侶陳表」。
太宗貞觀 元年（６２７Ａ．Ｄ．）	年二十六，自長安啓程，經秦州、蘭州、涼州。年終，達瓜 州。在瓜州留月餘，遂入西域。
五年（？）（６３１Ａ.D.）	已至摩揭陀國，其後於那爛陀寺見戒賢法師，（按，據行狀 ，戒賢（正法藏）詢玄奘在路幾時，奘報稱『過三年，向欲 四年』，余以其西行在貞觀元年仲秋，其入西域則在同年年 底或二年初，故推知玄氏見戒賢之大致年份。）
十九年（６４５Ａ．Ｄ．）	返抵長安，西行之壯舉結束。自後，卽專心於繙譯經典工作 。年四十四。（按，玄氏返抵長安爲十九年春正月。）淹留 西域十七年。
高宗麟德 元年（６６４Ａ．Ｄ．）	年六十三，卒於玉花寺。

有關唐玄奘年歲與其相對之年代問題，綜錯紛雜，歷來懸而未決，余採諸書資料可信之部分
，去其不可信之部分，有上表之結論，不意玄奘西行在貞觀元年之說亦得一旁證，至於其他
幾種不可信之記載，今姑稍論之如次：

（１）行狀，續高僧傳以玄奘西行，爲貞觀三年，「時年二十九也」，惟行狀，續高僧

傳皆稱武德五年，奘年二十一歲，於成都受具，若以之推算，則貞觀三年，奘當二十八歲，非二十九，是其本身記述自相矛盾，必有一非。檢法師傳，則西行之年歲作二十六，且與武德五年二十一歲相合，故貞觀三年，年二十九之記載定爲錯誤。

（２）玄奘去世之年分歲數，諸書頗有異說。據舊唐書傳一九一僧玄奘傳曰：「（顯慶）六年卒，時年五十六，歸葬於白鹿原，士女送葬者數萬人。」惟續高僧傳集二卷五謂：「麟德元年，……行年六十五矣……」，若依舊書記載，則玄奘五十六歲時爲顯慶六年，是玄奘當在大業五年出世，距其西遊之時，僅二十年（姑以貞觀三年出發計，若貞觀元年出發，則時玄奘祇十八歲耳），與諸傳所載玄奘西遊諸年歲，無一相合。若放棄西遊年代不論，以其二十六歲爲出發之年，則此年當係貞觀九、十年之際，與舊書同傳載「貞觀初，隨商人往遊西域」自相矛盾。故此，玄奘在顯慶六年五十六之說，未足憑信。至於續高僧傳載麟德元年六十五歲說，與同傳所載武德五年年二十一之說不合，與其自身記載之貞觀三年年二十九在推算上亦不相接。故「五」字可能爲「三」之譌。

（３）上論各點明白後，於此再討論羅香林教授唐代文化史舊唐書僧玄奘傳講疏一文，以辯明其非。

①羅文以「玄奘出發西行之年代，諸書所記，多謂在貞觀三年（西元六二九年）八月，而舊唐書本傳，則云爲貞觀初，當指貞觀元年（西元六二七年），揆以當日情形，蓋最爲近實（筆者按，羅文未提出證據，當日情勢一語，甚覺抽象焉。）此亦足徵本傳所述確有其過人之處也。」羅文以舊書「貞觀初」一語，作「貞觀元年」解，於是謂舊書有過人處云云，恐未足爲信。蓋正史「××初」，雖有元年之可能，但亦未必卽係「元年」解，此其一；羅文若以「初」卽「元年」，則舊書謂玄奘「大業末出家」之「末」，是否亦「當指」大業十三年解？然玄奘出家在大業十年，年十三歲，諸傳明載，亦甚爲可信。是「末」非作「最後一年」解，則「初」亦未必卽爲「元年」之義，昭然大明，亦無容多辯，此其二。

②羅文又謂「按玄傳西遊，行狀與慈恩傳，及續僧傳本傳等，皆謂其始於貞觀三年八月，此蓋緣玄奘於貞觀十九年歸國，而自謂在外『閱歷周遊一十七載』，從十九年上推至貞觀三年，恰等於十七年頭，遂相沿致誤也。………而其表實作於貞觀十八年春夏間，從三年八月，算至十八年春，未達十七年頭也。」羅文一則未剖明其「年頭」如何推算法；二則貞觀元年與貞觀三年相差足二年，而貞觀十八年春夏間之「表」，距其歸長安（十九年春正月）之時，不過數月，羅文以不足一年之差，強指爲足二年之誤者，未敢苟同。且續高僧傳卷五（集二）載太宗大唐三藏聖教序亦云：「……周遊西宇，十有七年。」是此序寫於玄奘歸國後，旣已不在于闐，何由仍書十有七載？羅氏以其個人之推想，曲解舊書文義，遂有「梁啟超支那內學院精校本玄奘傳書後，及歷史研究法、考定玄奘西行爲始於貞觀元年，其說自無以易………，特舊唐書本傳早已先爲確記，非今人所創發者耳」之結論，其不足取信者自不待言矣。私意以爲，舊書傳作「大業末」「貞觀初」者蓋由於劉昫書僧玄奘傳之際，覺諸

說紛紜，一時未能考定，故作「末」作「初」耳。至於貞觀元年何以誤爲三年一問題，以資料缺乏，未得確知其源，然「三」易譌爲「五」字，「元」又易譌作「三」，正如史學家陳垣謂「形近而誤」也（校勘學釋例）。

　　③羅氏再以「玄奘歿於唐高宗麟德元年（西元六六四年）二月五日，諸書所記，多無異詞，其享年壽年數，據劉氏塔銘，謂爲六十九歲，此與舊唐書本傳所云「時年五十六」者，初視似甚懸殊，然若細加研考，則亦相密合，蓋劉氏所述，爲玄奘在世年數，而本傳所述，則爲玄奘爲僧年數也。」吾讀此論，益覺詫異。查舊書奘本傳僅載「（顯慶）六年卒，時年五十六」，是玄奘死於顯慶六年，而年五十六，與他說作「麟德元年卒」絕不相合。羅氏獨見舊書「年五十六」一句，而忘是句之前有「六年」二字，失諸眉睫。且羅氏以舊書傳載年五十六爲「爲僧年數」說，既無充份之理由以自圓其說，亦與事實絕不相符。上文已論知玄奘出家在大業十年，年十三。劉軻記玄奘死年六十九，除玄奘未出家之十三年，果係五十六，然此僅爲「孤證」，別無任何旁證，蓋玄奘死年六十九歲，獨劉軻一人之說，其本身已不甚可信，以不甚可信之資料，作爲理論之證據，其理論已無價值可言，羅氏更以塔銘一「孤證」，抹殺諸書死年六十三之記載，更非淺學所能苟同。

　　羅氏此文，殊足以影響後學對此文字史料及整個歷史事實之誤解，以羅教授爲知名學人，桃李滿門，其文易爲學子所信從，妄陳拙見如上，倘荷諒恕則幸甚矣。陳垣釋氏疑年錄，卷四所載「京師大慈恩寺玄奘條」，謂「唐麟德元年卒，年六十三（六〇二至六六四）」，並書之云：「舊唐書作顯慶六年卒，年五十六，續僧傳四作麟德元年卒，年六十五，劉軻撰塔銘作年六十九，今據冥祥撰行狀，以其與諸家『武德五年，年二十一』之說合也。」陳氏所論，正中要鵠也。

　　④陳垣之書內學院新校慈恩傳後，立說則可商榷。陳先生在玄奘死後第二十一甲子六月（一九二四年六月？）撰書內學院新校慈恩傳後一文，發表於東方雜誌第二十一卷，列條分類，力指玄奘貞觀三年出遊說爲「必不可推翻」，而「元年說必不能成立」，竊沿陳文既列之條目，辯而明之：

　　a）本傳貞觀三年年二十六誤三年不誤條：陳氏此條，未舉任何證據，僅云「猶幸『貞觀三年出遊，貞觀十九年歸京，中間十有七年』其說尙能統一」，陳垣先生所欲辯者，係貞觀元年說非，三年說是，今在未辯之先，即認定貞觀三年出遊說爲無可推翻之事實爲據，此外別無他言，則陳氏此條，殊未足使人心服。

　　b）法師非因霜儉出關條：拙文前已申明貞觀元年、二年、三年均有霜儉之事，故霜儉實不足以推定玄奘出西域之年代。然陳文謂玄奘非因霜儉出關，則又不確。陳文謂「據本傳則法師之出關，迭被留難：一阻於涼州，再阻於瓜州，三阻於一烽，四阻於四烽；若果如續傳所云『奉勅道俗，隨豐四出，』何至被阻若是？」按，玄奘西行未離大唐國境之際，途中受到各地長官勸喩東歸者，其原因並不在玄奘踏足其州境，而當係其洞識玄奘西行之決志。

以國人之身份，旅行他州，決不會犯法，並決不會受阻。且所謂「奉勅道俗，隨豐四出」者，當非作隨豐四出國外解，況隋末唐初，中國禍亂迭起，逃難西域，流亡於國外者甚衆。通鑑卷一九三貞觀三年十二月條載曰：「是歲，戶部奏：中國人自塞外歸及四夷前後降附者，男女一百二十餘萬口。」據隋書卷二十九地理志載隋煬帝時之口數係四千六百一萬九千九百五十六，就隋末大亂，戶口亡散不計，西域不歸者又不計，卽流亡國外囘國之人數，已達全國人口之 2.6% （十），不爲不多矣。故此，大唐政府在開國之初，禁止國人逃亡國外，未嘗無理。然禁止國人離國，不等於卽禁止國人於國內流動旅遊。故此，玄奘出國之受阻，與「奉勅道俗，隨豐四出」實無相抵之處。而事實上，玄奘在長安上表西遊，卽爲有司不許。是玄奘之受阻，非始於涼州，應始於長安發足之所。陳氏之論，此條至爲費解。

　　c）葉護可汗係元年被殺元年出遊不能見葉護條：陳氏此條，爲諸條中最有力者，蓋通典卷一九九突厥下、册府元龜卷九十四、舊唐書卷一九四下，皆書葉護可汗死於貞觀元年，若玄奘在貞觀元年秋八月出遊，已無緣得見。然，通鑑卷一九三，舊唐書卷一九九下，新唐書卷二一七下，並載葉護死於貞觀二年，是則統葉護死於何年？余特此請敎嚴耕望師，得知通鑑，新書之說，未必錯誤。因通典，册府元龜諸書雖成書早於通鑑、新書，然通典、舊書、元龜之本身亦錯誤頗多。卽就舊書而言，卷一九四下旣誌葉護之死在貞觀元年，而卷一九九下又謂「貞觀二年，葉護可汗死」，已自相矛盾。且「二」易譌爲「元」字，「元」字又易譌爲「二」字，故此只能存疑，不能據定通鑑、新舊書必非。故陳氏之說，亦未必正確。

　　d）新唐書二年葉護死之說與通鑑矛盾條：新書卷二一七載「貞觀二年，葉護死，其國亂，乙失鉢孫曰夷男，率部帳七萬附頡利可汗。」查通鑑卷一九二貞觀元年條則僅謂：「統葉護可汗勢衰，乙失鉢之孫夷男帥部落七萬餘家，附於頡利可汗。」然陳氏指定「夷男之附頡利，係因葉護已死，」並反覆論述，結果兩唐書誤，通鑑亦誤，遂謂「循環互勘，二說皆有譌誤。」陳氏旣曾以舊書卷一九四下之記載抹殺通鑑之價值在先，今又以通鑑之記載否定兩唐書，再又以兩唐書否定通鑑，又無別種理由，實有無所適從之感。且通鑑載葉護死在貞觀二年，而所記元年夷男附頡利之事，則祇謂：「統葉護可汗勢衰」，何來互相矛盾之處？陳氏何由知夷男之附頡利，必在葉護死後？而非因葉護「勢衰」？

　　e）法師所見之葉護是肆葉統非統葉護條：陳氏旣以己意斷言統葉護可汗死於貞觀元年，又認定玄奘出遊在三年，於是更臆測謂玄奘所見，係肆葉統，非統葉護，並言「假定法師果元年出遊，二年夏到葉素，則所見者正俟毗可汗（按：陳氏旣認定統葉護死於貞觀元年，總非二年，故有此言。）是時俟毗方與肆葉護爭國，法師何能安然通過？惟三年以後，肆葉護統一西突厥，故法師得西行無阻。」按：（a）陳氏統葉護可汗必死於貞觀元年之說旣不能成立，故其認爲玄奘在元年出發所見必非統葉護而必係俟毗可汗者，在此亦不能成立；（b）陳氏又認定肆葉護之統一西突厥，在貞觀三年之後，然所謂「之後」當指何時，未則見明言。余檢册府元龜卷九七〇所載有關西突厥朝貢事，錄之如下：「太宗貞觀元年正月西突厥…

……十月西突厥……並遣使朝貢。」「（貞觀）二年四月西突厥遣使貢方物。」「（貞觀）三年，十一月西突厥……並遣使朝貢。……」「（貞觀）七年，十月，西突厥奚利苾咄陸可汗並遣使朝貢。」「（貞觀）九年，正月，西突厥同娥設……八月西突厥……十二月西突厥並遣使來朝，貢方物。」據此，則在武德年間及貞觀元年，西突厥每年遣使朝貢者不下二、三次之多，何以三年至六年間，朝貢斷絕？而及貞觀七年，又再告頻繁？再檢通典，舊書，新書，通鑑所載有關西突厥之史料，對於統葉護被殺後之西突厥王朝政治興替情況，俱不冠以年號。遲及貞觀六年肆葉護為泥孰所殺，唐室遣劉善因立泥孰為奚利邲咄陸可汗，始再有明晰之紀年。通鑑卷一九四貞觀六年條：「（秋七月）肆葉護輕騎奔康居，尋卒，……丁酉，遣鴻臚少卿劉善因立咄陸為奚利邲咄陸可汗。」又冊府元龜卷九六四：「（貞觀）六年八月，遣鴻臚少卿劉善因立四（西）突厥莫賀設為奚利邲咄陸可汗。」是也。因此，自貞觀三年至貞觀六年之間，西突厥政治似甚為混亂，今陳氏又焉為知西突厥之再統一必在貞觀三年後，在玄奘入西域前？（按陳氏以玄奘西行在貞觀三年八月，故其入西域當在四年春夏）通鑑誌肆葉護再統一西突厥之事在貞觀四年十二月條後，新書突厥傳又載有貞觀四年俟毗可汗請昏事，可見貞觀四年初，西突厥王朝未必已再統一。縱使西突厥果在貞觀四年初再統一，則方亂之國，社會秩序之恢復，必需經若干時日，雖英明之主，亦不能即致至治也，又況肆葉護係庸劣之主乎？故此，此點勢不能成為「三年說不可推翻之一鐵證也。」。再者：（c）統葉護可汗常省稱葉護可汗，此馮承鈞先生按唐書波斯傳所得之結論，然未聞肆葉護可汗亦可作同樣之省稱也，此其一。若為玄奘誤認肆葉護為統葉護，此亦不成立。按大唐西域記卷一縛喝條云：「近突厥葉護可汗子肆葉護可汗，傾其部落，卒其戎旅，奄襲伽藍。」，則玄奘對統葉護及肆葉護之父子關係既甚明瞭，斷無混為一談之理，此其二。陳氏憑通典之含糊資料，加以個人之推測，殊不切實際，可置無論。

　　f）元年出遊不能見李大亮條：陳氏此條，驟讀似甚有理，然熟思之，則又未必絕對可信。陳氏以李大亮繼宇文士及為涼州都督，而宇文士及之被徵入朝，在貞觀元年九月，於是李大亮之到任，至早亦需在十月後。按唐制，都督之調遷者，或可等候繼任者到達州府，辦妥一切移交手續後始行離去，故宇文士及在元年九月入朝時，李大亮大有可能已達涼州，無需在十月後也。陳氏又認為李大亮從貞觀元年，由越州都督轉交州都督，尋召拜太府卿，出為涼州都督（見舊書卷六二李大亮傳，新書卷九九同。），一歲三遷，東西南北之途，三月五月之任，無論如何，元年十月之涼州，不能有李大亮之足跡。其實亦不然，就唐官言，既授以某任而未到職即轉授他任者不乏其例，若退一步言，自越州至交州，路程不足一月餘，自交州入京，不過兩月餘，而自長安至涼州，不過十餘日，且貞觀元年潤三月，冊府元龜卷九七〇載：「太宗貞觀元年，……潤三月，高昌、土谷渾等……並遣使朝貢。」可證，如此，則李大亮能在元年九月抵涼州者，殊非可驚之事，今陳論失之粗疏武斷。

　　g）于闐表十七載之七字誤貞觀三年之三字不誤如此欲保存于闐表之十有七載，則必需

36

推翻聖敎序及諸書之十有七載條：有關此條，可參考上文，在此不贅言矣。

　　（本文辯羅文及陳文二小節，得牟潤孫敎授之指導，並借以東方雜誌陳文，於此特表謝忱。一九七二年八月定稿後記。）

（二）玄奘出西域時西突厥王朝之狀況

　　突厥爲我國中古史上一大外患，至其興替，余另文有述，今暫不論焉。而所要述者，僅限於玄奘出西域時西突厥王朝之狀況，蓋其與玄奘西行年代，有直接關係焉。

　　有關西突厥王朝之事蹟，以沙畹西突厥史料至爲詳盡，馮承鈞譯爲中文，並據唐書、會要、通典、册府元龜諸書予以校讀，故馮譯本之沙史料又更覺詳盡也。今參考沙文，並合所得資料試述焉。

　　法師傳卷一載玄奘西出玉門關，度莫賀延磧，抵伊吾，入高昌，見其王麴文泰，並得禮遇，留月餘。玄奘辭行之際，文泰「又以綾絹五百疋，果味兩車，獻葉護可汗，並書稱法師者是奴弟，欲求法於婆羅門國，願可汗憐師如憐奴，仍請敕以西諸國，給鄔落馬遞送出境。」於此，足見法師出西域時，西域仍屬西突厥之勢力也。今自高昌王麴文泰之上表，得知玄奘初在西域時，西突厥王朝之君主係葉護可汗，亦卽統葉護可汗也（據西突厥史料第二篇頁廿三註十六）。且此西突厥君主，玄奘得見之於素葉城（法師傳卷二）。惟是，據通鑑卷一九三貞觀二年十二月條云：

　　「西突厥統葉護可汗爲其伯父所殺，伯父自立，是爲莫賀咄矦屈利俟毗可汗。國人不服，弩矢畢部推泥孰莫賀設爲可汗。泥孰不可。統葉護之子咥力特勒避莫賀咄之禍，亡在康居，泥孰迎而立之，是爲乙毗鉢羅肆葉護可汗，與莫賀咄相攻，連兵不息，俱遣使來請昏，上不許。」（新唐書二一七下薛延陀傳亦言葉護死於貞觀二年）

是知統葉護可汗死於貞觀二年矣。雖然，有關葉護之死，有關史典或作元年，通典卷一九九突厥下謂：

　　「統葉護可汗勇而有謀，善攻戰，北幷鐵勒，西拒波斯，南接罽賓，恣歸之，控弦數十萬，霸有西域。……貞觀元年，……爲其伯父所殺。」（以後大亂之經過與通鑑所載同。）

又册府元龜卷九七四云：

　　「太宗貞觀元年，西突厥統葉護爲伯父所殺。帝聞至統葉護之死，甚悼之，遣賷玉帛至其死所，祭而焚之。會其國亂，不果至而止。」

此兩段史料，與通鑑、唐書所誌年代不同，故岑仲勉撰突厥集史，卷五亦謂統葉護之死，或謂貞觀元年，或謂二年，「尙無定論」也。惟雖如此，法師傳中吾人所得之槪念，係：

　　（a）是時葉護在世；

　　（b）西域未亂。

若玄奘於貞觀二、三年西行，則無論葉護死於貞觀元年抑二年，法師亦無緣得見，其一；法師傳所記出西域時之諸國狀況，似甚平靜，亦無亂徵，苟葉護死於貞觀元年末，則貞觀二年西域已連兵不息，玄奘何以一無所記？故綜言之，葉護死於貞觀二年末，法師起行於貞觀元年，而西域亂於貞觀三年者，爲最合理之推理也。亦如馮譯沙畹西突厥史料云：「設若計算玄奘留居涼州瓜州高昌之時間，與其自高昌至清池 Issyk Koul 以西之里程，則其於六二七年八月發足長安者，須至六二八年初數月間始抵素葉，尚及見統葉護可汗於未死之時也。」（第三篇頁一三九）。

今據西突厥史料、唐書、通典、通鑑、冊府元龜諸書，試將玄奘在西域前後數年間西突厥王朝之政治演變列表簡述如次：

唐太宗貞觀元年（627A．D·）	葉護可汗入貢，並請婚於唐室，未果。
二年（628A．D·）	葉護被殺，莫賀咄自立爲俟毗可汗，西域亂，葉護子亡走康居。
三年（629A．D·）	泥孰莫賀擁立葉護子，是爲肆葉護可汗，與俟毗可汗相攻。
四年（630A．D·）	俟毗爲泥孰所殺，西突厥再統一。
六年（632A．D·）	泥孰叛，肆葉護輕騎奔康居而死。唐室遣劉善因冊立泥孰爲咄陸可汗。
七年（633A．D·）	咄陸可汗遣使入貢。
八年（634A．D·）	咄陸死。弟咥利失可汗繼立。

（三）貞觀初之中西關係

歷來我國至大外患俱來自北方。五胡亂華後，北患已非舊漢之匈奴，而係新起之突厥。由於突厥勢大，故北朝、至於北周、北齊，莫不爭相交結，以爲打擊對方之有力後盾。吾讀周書，周之滅齊，亦有藉於突厥焉。及隋文經營，而突厥內部不和，其勢始衰，然李淵得篡隋祚，力挫群雄，亦不免有通於突厥之嫌也。隋代，由於長孫晟之反間，突厥遂分東西。唐貞觀初，爲禍至烈者係東突厥，而西突厥則受脅於突厥，稍欲與唐室修好，故屢遣使朝貢，並請和親。有關此種史料，馮承鈞備之已詳（見西突厥史料馮補編），今不贅述焉。吾所要引述者，則爲貞觀三年，突厥寇河西事。據通鑑卷一九三：

「（貞觀三年）冬十一月，辛丑，突厥寇河西，肅州刺史公孫武達、甘州刺史成仁重

與戰，破之。捕虜千餘口。」

而此事發生後不足二十日，唐室即大舉討伐突厥。通鑑同卷貞觀三年十一月條載云：

「庚申，以行並州都督李世勣為通漢道行軍總管，兵部尚書李靖為定襄道行軍總管，華州刺史柴紹為金河道行軍總管，靈州大都督薛萬徹為暢武道行軍總管，衆合十餘萬，皆受李勣節度，分道出擊突厥。」（靈州以下，冊府元龜卷九八五與通鑑所記不同）。

於是貞觀四年二月，遂一舉而滅其國。諸夷震慴，踵接來朝。三月，「四夷君長詣闕請上為天可汗」（通鑑卷一九三），而大唐勢力，遂開始向西拓展焉。

余所以特誌此事者，蓋欲為玄奘西行元年說添一旁證。若玄奘在貞觀三年秋出發，年底達中國西陲，正值突厥寇河西，而唐室大動軍旅之際，隴右河西諸州，殆不如法師傳所載如斯平靜，而麴文泰晤玄奘亦無隻字不提之理。再者，通典卷一九一云：

「貞觀四年，其王（麴）文泰來朝。」

再檢通鑑一九三貞觀四年條訓：

「（十二月）甲寅，高昌王麴文泰入朝。」

是高昌王麴文泰在貞觀四年末抵達長安省，史有明載。推其自高昌出發之時間，最遲當貞觀四年秋仲。若法師發足於貞觀三年，四年春夏之間見麴文泰，並留月餘，則麴氏之來朝，何其倉卒！且玄奘離高昌之日，已近其人入朝之時，竟無一語繫及之者，又豈是兄弟之行歟！（按，玄奘許以麴文泰為兄弟。）是則玄奘西征貞觀元年一說，似直可定為鐵案矣。

貞觀四年滅突厥後，大患已除，唐之聲威亦大振，然由於唐室勢力西被，直接與突厥及其藩屬國發生衝突，貞觀十三年十二月，太宗遂頒討高昌王麴文泰詔（見宋敏求唐大詔令集卷一三〇），詔云：

「……又伊吾之右，波斯以東，職貢不絕，商旅相繼，琛賮遭其寇攘，道路由其擁塞。」

於是討伐高昌，並平西突厥。通典、會要載其事如次：

唐會要卷七十三：（安西都護府）「貞觀十四年九月二十二日，侯君集平高昌國，於西州置安西都護府，治交河城。二十二年四月二十五日，突厥泥伏沙鉢羅葉護阿史那賀魯率衆內附，置庭州。」通典卷一九一：「（貞觀）十四年八月，交河道行軍大總管侯君集平高昌……太宗以其地為西州，……（西突厥）至是懼而來降，以其地為庭州。」

惟賀魯其後復叛，西域正式為唐所有者，當在高宗年間。會要同卷述其事云：

「（高宗）顯慶二年十一月，伊麗道行軍大總管蘇定方，大破賀魯於金牙山，盡收其所據之地，西域悉平。……開通道路，別置館驛，……分其地，置濛池、崑陵二都護府，……其所屬諸胡國，皆置州府，西盡於波斯，並隸安西都護府。又以賀魯平，

　　移安西都護府於高昌故地。至三年五月二日，移安西都護府於龜茲國，舊安西復爲
　　西州都督。」

於是大唐勢力，遂盛極一時，此在公元第七世紀中葉也。

　　及公元第八世紀，由於西方回教勢力之崛起及東被，而大唐本身之開始衰弱，西域始再
非唐有。然大唐西域亦主宰幾達一世紀之久矣。朱彧萍州可談卷二謂：「漢威令行於西北，
故西北呼中國爲漢；唐威令行於東南，故蠻夷呼中國爲唐」，殊不知玄奘之前，唐威令亦同
行於西北也，故朱彧之論，僅能適用於玄奘之後耳。

　　　　　　　　　　　　　　　　　　　　一九七二年四月於香港九龍

附　論

(一)釋玄奘與唐太宗

　　魏晉而下，佛教寺院雖漸爲文化中心，對我國文化有過不少貢獻，然亦成爲一般百姓逃避租稅之避難所，百姓與人才之相繼遁跡山林寺院，脫離了對國家之義務和責任，已開始爲統治階層所不滿。北周毀法已述如前，及唐初，佛教亦爲統治政府所惡。通鑑卷一九一唐紀七，武德九年四月條：「（武德九年）太史令傳奕上疏，請除佛法，曰：「法在西域，言妖路遠，……使不忠不孝，削髮而揖君親；遊手遊食，易服似逃租稅。……乃追懺旣往之罪，虛規將來之福，……遂使愚迷，妄求功德，不憚科禁，輕犯憲章，有造爲惡逆，身墜刑網，方乃獄中禮佛，規冤其罪。……今天下僧尼，數盈千萬，……請令匹配，卽成十萬餘戶，產育男女，十年長養，一紀教訓，可以足兵。……」「上（高祖）亦惡沙門道士苟避征徭，不守戒規，皆如奕言，……辛巳，下詔，……命有司沙汰天下僧尼，道士，女冠，……京師留寺三所，觀三所，諸州各留一，餘皆罷之。」在此，大唐政府對佛教的態度，可見一斑。而事實上，中國人重視今世過於彼世，故此，「中國人的興趣，對於絕對以抽象的邏輯的一般的理性方面比較淡，而對於活的直接而具體的經驗的個別感情方面則比較濃」（錢穆中國文學史導論第十章）且魏晉南北朝對於昔日過份之「自我」約束運動而爲「自我」之解放，以至於「忘我」之玄學，在大唐政治統一後，已開始不爲時人所接受，故大談高深哲理之佛學亦然。韓愈力主排佛，力倡師道，係欲世人自出世之思想回復於先秦兩漢之現實的人生觀，使對於社會能多加注意，結果遂一轉而爲宋儒「修身、齊家、治國、平天下」之理學主張。錢穆中國近三百年學術思想史卷上：「韓（昌黎）氏論學雖疏，然其排釋老而返之儒，昌言師道，確立道統，則皆宋儒之所濫觴也。」惟事實上，當時之佛學亦開始轉化，正所謂「中國化」也。禪宗佛學之中國化，使其自出世之獨善轉而爲入世之抱負，對宋儒理學所留下的影響，比諸唐代辟佛者尤甚深遠。錢氏中國文化史導論第七章：「（魏晉南北朝）……當時中國人的內心境界，一面對於外來佛法新教義雖屬饑渴追尋，誠心探究，一面對於前代儒家舊禮教這是同樣的摯誠愛護，篤守不渝，這裏面固然也有一些由於當時門第等外在的因緣，但到底這是一種似相衝突而終極能和的廣大寬平的胸襟，及其靜深圓密的態度……，使我們預先料到，只要一旦機緣成熟，勢必有一番調和完整的新境界之出現，這是隋唐以下的社會。」「禪宗在理論上雖則全部中國化了，但他們到底是一種在寺院裏發展成熟的思想。無意中脫不淨微慕個人的獨善與出世。直要到宋代新儒家興起，再從禪宗思想轉進一步，要從內身自心性中認取修身齊國治家平天下的大本原，如是始算完全再回到先秦儒家思想的老根基。」嚴耕望唐代文化約論：（大陸雜誌，史學叢書本一輯冊四）「迄乎唐末，諸宗衰微，惟律宗淨士與禪宗並傳，然不及禪宗之昌大遠甚。歷五代至宋，儒家擷取其精義倡爲新儒家之理學，一時思想家群起趨之。……綜觀中

國佛教史事，漢魏爲開始傳入時代，西晉南北朝時雖傳播普遍，信仰熱狂，然佛學研究尚未臻於推陳出新之境，故可稱爲舊佛教之廣播與新佛學之醞釀時代，至唐研精闡微，臻於極盛，漸脫宗教色彩，抵於純哲學之境界。可謂爲新佛學，而禪宗更中國化之爲心性之學，遂開宋明理學之先河，直可謂中國玄學矣。」

明清奉宗於宋儒，宋儒辟佛，故明清亦辟佛。及明清之際，入華天主教傳教士，爲其本身傳教利益，爲要討好士大夫統治階層，故又大力辟佛，比見張星曜闢妄略說條駁序，王約翰合刻闢妄條駁序，連叟郁蒸湘華醒世迷編序，文都辣祭祖荅問簡約，祭祖荅問序，馮應京天主實義序。（見明清間耶蘇會士譯著提要）

大唐政府對佛教之態度旣如此，今問題卽在於：何以玄奘歸國途中自于闐上表謂「冒越憲章，私往天竺」，而其返抵長安，竟得「京帥留守左僕射梁國公房玄齡等，承法師齎經像至，乃遣右武侯大將軍侯莫陳實，雍州司馬李叔睿，長安縣令李乾祐奉迎」之優遇？無乃鼓吹佛法歟？抑有他因？此正余所要討論者。（上引文見法師傳卷六）

余竊以爲，唐太宗之不計於玄奘之「冒越憲章」與唐初向西域發展勢力有關。故此，玄奘之得禮遇，政治上的原因較文化上的貢獻遠甚。

中國與其以西國家發生關係，遠古卽然，此W.H.Mcneil在其The Rise of West一巨著中已於伸說。秦漢對西北方大有發展。晉時發掘古墓所得之穆天子傳，記有周穆王西征之事。而西域使節來華朝貢，魏晉南北朝不絕。隋代，煬帝亦屢遣使西域，最著爲煬帝曾命韋節，杜行滿之使罽賓（Cachemire）、王舍城（古之Rajagrihapoura）史國（古之Kesch，今Schahr—I—Sabz）（見沙畹中國之旅行家。）又通典卷一七一亦云：「……隋煬逐吐谷渾，開通西域。」

唐代對西域之擴張政策，拙另文有述。今要補述者，卽爲唐玄奘西遊所經歷之道路，正爲唐室向西發展之旣定路線。按玄奘自涼州入瓜州，北出玉門，經莫賀磧而抵伊吾哈密，正爲隋唐通西域之主要路線（註），亦不同於漢書地理志之出西域二道。玄奘經行路線，始於隋代，然正式始於何時則無可考據（嚴耕望：唐代涼州西通驛程考）。亦正因此，唐室爲要征服西域，第一步便須征服高昌，繼而西突厥。蓋哈密爲通西域所必經之地，迄於明代亦然。（明）嚴從簡殊域周咨錄卷十二云：

> 「哈密本古伊吾廬地，在漢燉煌郡北大磧之外，去今肅州一千五百里，爲西北諸胡要路。漢明帝始取其地，屯田宿平，未爲郡縣，後魏始置伊吾郡，……貞觀初，內附，置西伊州。」

唐代滅高昌在貞觀十四年。而松田壽男碎葉與焉耆一文謂：

> 「唐代勢力表示於西域者，爲安西、北庭兩都護府之存在。」

故唐代貞觀中，在西域廣置州縣，折衝府，都督府，及著名之安西，北庭都護府以統之焉。查玄奘囘國未幾，卽有王玄策奉使印度事，並著法苑珠林，據烈維王玄策使印度記引珠林盛

42

通鑑六西國志記『從于闐國至波斯國巳來，大唐總置都督府頁州縣折衝府，合三百七十八所；八所都督府，九十所是州，一百三十三所是縣，一百四十七所是折衝府。』是也。且亦有四鎮，通典一七二：

「高宗，……又開四鎮。」（即疏勤，龜茲，于闐，焉耆）

由是對西域之控制，自貞觀始，更高宗而最。唐會要卷七十三：

「（高宗）龍朔元年六月十七日，吐火羅道置州縣，使王名遠進西域圖記，並請于闐以西，波斯以東十六國，分置都督府。……」

而著名之碎葉城，即後期之四鎮之一，亦於高宗在位晚期修築。會要卷七十三：

「（高宗）調露元年（A．D．679）九月，安西都護王方翼築碎葉城，四面十二門，……五旬而畢。」（按此碎城當在疏勒，非玄奘見統葉護之素葉城。）

又要會同卷載蘇氏記曰：

「咸亨元年四月，罷四鎮，是龜茲、于闐、焉耆、疏勒；至長壽二年十一月，復四鎮勒，是龜茲、于闐、疏勒、碎葉、……」

至於大唐在西域所置羈縻府州，新唐書有載，而馮承鈞新唐書西域羈縻府州攷考之甚詳，今略而不述焉。

由此可知，玄奘出西域及其回國之際，正值唐室有計劃大力西張之時。亦因此，唐政府對擁有豐富西域知識之學者，遂不得不更予禮遇，唐室不計玄氏冒越憲章之嫌，反遣重臣奉迎，並屢加召見，於此亦不難解釋矣。唐太宗為當代雄主，有政治之遠大卓見，自深知地理知識對軍事及政治擴張之重要性。此正撒普爾著地理環境之影響，引康德之言曰：「地理乃歷史之基礎。」也。自晉以降，道安法顯諸僧西遊於前，而玄奘承之在後，且玄奘所經，正唐室向西拓展勢力之必經大道，則玄奘挾其無可倫比之西域語文能力及豐富之西域知識，包括政治、經濟、地理、文化、風俗、物產，對唐政府有無可計之詢諮及利用價值，於茲可見。續高僧傳卷五云：

「（太宗）尋降手敕曰，……其新撰西域傳者，當自披覽。及西使再返，敕二十餘人隨往印度，前來國命，通議中書，敕以異域方言，務取符會。若非伊人，將論聲教，故諸信命並資於奘，乃為轉唐言，依彼西梵，……令彼讀書，尊崇東夏。」

故此，「塞外海東百三十國，道俗邪正，承其名者，莫不仰德歸依，更崇開信，可以國家增榮，光宅惟遠，獻奉歲至，感奘之功。」

太宗之不計小節，用得其才，正其成功之處，亦所以為一代雄主之所由因焉。貞觀政要卷七（崇儒第二十七）載云：

「貞觀二年，太宗謂侍臣曰：為政之要，惟在得人，用非其才，必難致治，今所任用，必須以德行學識為本。」

是貞觀之治，良有爾也。書此，余亦有感焉；

1) 周唐之滅佛，正如王船山讀通鑑論卷二十謂：「爲說者之大患，莫大乎忿疾一時之流俗，激而爲不必然之慮，以鄙夷天地之生人，而自任以矯異，於是刻覈寡恩成乎心，而刑名之術利用以損天地之和。」此實吾輩所當戒愼焉。

2) 周書卷二十九，（唐）令孤德棻曰：「夫文士懷溫恭之操，其弊也懦弱。」其實，文士亦當如玄奘，不但有溫恭之操，亦懷敢於實踐之勇。爲政者當有知識淵博之學者之意見，方可成其大治；文士有脫離依屬統治層級獨立之精神，方可有精闢之見識，及百折不撓而實踐之勇。二者各失其所，是天下之所以亂。

(二)讀羅香林敎授玄奘法師年代考

余旣草書玄奘西行年代考，倘得覺蓮社香港佛敎月刊創刊號，拜讀羅香林老師玄奘法師年代考一文，議論從橫，惟似未得其要。羅本文力指玄奘死年六十九歲，並謂玄奘生當隋文帝開皇十六年（西元五九六年），非仁壽二年，（西元六○二年）。所據者，不過幾句文章行文中之括然之句。至於其他諸傳所記死年，則一概稱之「爲僧之年數」之歲。終而認定「則玄奘爲生於隋文帝開皇十六年（西元五九六年），享壽六十有九之史實爲不可易矣。」，小子不敏，疑問諸多，概列如下：

1) 就玄奘生非仁壽二年，當隋文開皇十六年一論而言，據法師傳卷一云：

「……俄而有勑，於洛陽度二七僧，時業優者數百，法師以幼少，不預取限，立於公門之側，時使人大理卿鄭善果有知士之鑑，見而奇之，……」（同見行狀）

余再檢舊唐書卷六十二鄭善果傳載云：

「……大業中，累轉魯郡太守，……煬帝以其居官儉約，蒞政明嚴，……再遷大理。」

復檢通鑑卷一八三煬帝大業九年八月條云：

「辛酉，司農卿雲陽趙元淑坐楊玄感黨伏誅。帝使大理卿鄭善果、御史大夫裴蘊，刑部侍郎骨儀，與留守樊子蓋推玄感黨與。」（同卷大業九年六月條並載大理卿鄭善果降楊玄感事。）

是則鄭善果爲大理卿，當在大業中後，即大業九年左右，殆無可疑，而玄奘之出家，亦當在斯時也。而是時，知玄奘仍「以幼少」稱者。若奘生開皇十六年，則大業九年，當足十六歲，何曰「幼少」而不預？再者，法師傳明載武德元年玄奘勸兄入蜀時，「法師雖居童幼，而情達變通」，若羅氏之論正確，則武德元年，法師已足二十二歲，又何來「童幼」之號？

2) 羅氏提出之僧年說，亦似未盡合理。上文按知武德元年，玄奘仍係十餘歲之童子，而武德五年，又確知其年二十一，於成都受具。若羅氏僧年說合，則玄奘十三歲出家以後，當

44

何以武德元年仍然被稱「童幼」之玄奘，相隔不過五年，已即屆三十餘歲之中年？玄奘年二十六歲西遊，其實計年齡，又當三十九歲歟？如此類推，玄奘囘國至少亦五十六歲，再計囘國後繙譯經典之十九年，則死年又應七十五歲歟？竊自以為，羅文所引所謂「二紀」，所謂「六十之年，颯然已至」者，僅係玄奘上表因行文中之需要，未必即作絕對之二十年，六十歲解也。

　　3) 余再退一步言，接受羅教授生年僧年說為確，則無論續高僧傳、法師傳、行狀，於玄奘十三歲以後之記歲，當亦以僧年計矣。據羅氏認玄奘生於開皇十六年，十三歲出家，即當大業五年（拙按，此已與鄭善果為大理卿年代已不合。）由於以僧年計，故大業五年，玄奘僧年十三，非二十一；貞觀元年出西域，非二十六或二十九，當係十八，與諸傳所記一無相同，此問題當又如何解決？余讀羅氏之文後，百思不得其解，今附記於此，以質於博學君子云。

註：新唐書卷四十三下地理志載云：「安西（按即瓜州）西出拓厥關，渡白馬河百八十里入俱毗羅磧，經苦井二十里至俱毗羅城，又六十里至河悉言城……至于闐境之胡盧河……又西北三十里至粟樓烽，……又五十里至頓多城，烏孫所治赤山城也……碎卜水五十里至熱海，……出谷至碎葉川口八十里至裴羅將軍城，又西四十里至碎葉城……自碎葉西四十里至米國城……至怛羅斯城……至據史德城，龜茲境也……，于闐東三百九十里有建德力河，東七百里有精絕國，于闐西南三百八十里有皮山城北與姑墨接，凍凌山在于闐東西南七百里……，自焉耆西五十里過鐵門關，……又百二十里至安西都護府。」其中有關於玄奘入印度之行程者，厥有安西（瓜州）、熱海、碎葉城、米國城、怛羅斯城、龜茲、凌山、焉耆、鐵門關、安西都護府諸地。又新唐書同卷所載「西北渡迦羅都河，至奔那伐檀那國六百里，又西南至中天竺東境恒河南岸羯朱溫羅國四百里，又西至摩羯陀國六百里」，據馮承鈞譯 Paul Pelliot 交廣印度兩道考卷上陸道考，則『此一路程，恰與玄奘路程相符，國名皆合。』，然則玄奘所取者實為隋唐間入天竺之大道，似無可疑之處。而此道中之『又一路自沙州壽昌縣西十里至陽關故城，又西至蒲昌海南岸千里，……又西八十里至石城鎮，漢樓蘭國也，亦名鄯善。』（新書同卷）亦正與法顯之行程相同。

　　玄奘所以取自瓜州而達伊吾一道，據斯坦因（Aurrel Stein）玄奘沙州伊吾間之行程一文，則『祇要中國對於塔里木河流域的商業同軍事經營，可以直接經行蒲昌海已乾的海床，迤向樓蘭發展，燉煌一城少不了是發足的所在，可是在紀元三世紀以後，樓蘭被棄於沙漠，而凶水草之缺乏，這條近路遂難通行，而不能不走北山戈壁，取道哈密（按即伊吾）……這一面的道路，當以安西到哈密的道路為最近，走的人最多，此道經過北山的沙漠，全途共有十一站，約二百一十八英里，哈密賴有附近喀爾里克山 Kerliktagh 的積雪，灌溉很易，所以在歷史裏面是一箇以農產著名的所在，並是經行東南沙漠交易的一箇天然市場，……至若其他從北山戈壁通哈密的道路，關於供給水草方

面，路程較遠，困難相同，有時更甚。』（馮譯本P.Pelliot 西域南海史地考證譯叢）而方豪先生中西交通史册一第七章亦言『六朝後，西域空虛，商旅皆趨伊吾（今哈密）一路，因伊吾一線僅需八日。』也。

老夫聊發少年狂左牽黃
右擎蒼錦帽貂裘千騎卷
平岡為報傾城隨太守親
射虎看孫郎

蘇軾江城子密州出獵

二千十三年夏月妙人沖居鎮

吐谷渾種裔及其成族與初期歷史
（手稿）

吐谷渾種裔及其成族與初期歷史

目錄

序

　　國鍵於一九八三年寫畢《北魏與蠕蠕關係研究》，原意下一步研究的是吐谷渾。可惜種種原因，一耽幾近十年。

　　九零年自加拿大回流香港，重拾舊日所得資料，不無感慨。三兩年間，於假日餘暇，勉力完成《吐谷渾種裔考》及《中國史料所載吐谷渾之成族及其初期歷史（AD 283-430）》兩文。本欲續寫下去，惟思當時治中古草原民族史者稀，拿去發表又或再花工夫，俱無甚意義。兩文手稿與餘下之研究資料，從此封存書箱，不覺竟二十年之久矣。想國鍵身故後，兩文必成垃圾，給扔作堆填無疑。

　　今年初，偶與小兒君尚談及此事。小兒建議，國鍵既有自己網站，何不將之上載，讓人讀得？此議實在太好。況且，所知近年國內對中古史及草原民族研究，頗興熱潮。國鍵吐谷渾兩文，對有志於此之學術界朋友，未必了無幫助。遂依小兒所議焉。

　　垂老之年，目且將盲。吾生之所謂歷史研究，此兩篇實其終結。一頭白髮，往事盡烟。謹書數言，聊以為序。

二零一二年三月十八日眇人潘國鍵識於多倫多如心齋燈下。

家住蒼烟落照間絲毫塵
事不相關

陸游鵲橋仙之二句　丙戌秋友月妙人沈鳳起書

吐谷渾種裔考
（1992年手稿）

（現藏多倫多大學鄭裕彤東亞圖書館）

明日黄花蝶也愁

雪花時

甲子夏月

澤南建書

吐谷渾種裔考　　　　　　潘國鍵

(一)

吐谷渾之人種，衆說不一。伯希和 (P. PELLIOT) 於其《NOTES ON MARCO POLO》及一九二一年發表 "吐谷渾為蒙古語系人種說" [1]，均指吐谷渾語乃「屬蒙古語系」之說為是，，斷吐谷渾為蒙古種 [2]。稍晚 E. H. PARKER 著《A THOUSAND YEARS OF THE TARTARS》則直指吐谷渾為鮮卑 (SIEN-PI)，歸入其書 " EMPIRE OF THE SIEN-PI " 之專目 [3]。1953 年出版之 THOMAS D. CARROLL S.J. 釋注之《ACCOUNT OF THE TÚ-YÙ-HÚN IN THE HISTORY OF THE CHIN DYNASTY》[4]，CARROLL 氏以 "SONG OF THE Ā-KAN" ("阿干歌")「阿干」(ā-kàn) 可讀 â-kân，與 agan (突厥語為 aγa；蒙古語 aqa，衆數 aqanar) 同，顯示吐谷渾或突厥、蒙古原擔 (PROTO-TURKIC OR PROTO-MONGOL) [5]。而同為別一註文 CARROLL 氏復膽列諸家對 "Tǔ-yù-hún"（吐谷渾）三字語音之所源，並一一提出新假設 [6]。洋洋灑灑，然終

7

不過壽言音□之僭牛角共終不離言音語系之推臆。於□吐谷渾之種屬問題之結論目亦無從服人也。

1970年 GABRIELLA MOLÈ 之《THE T'U-YÜ-HUN FROM THE NORTHERN WEI TO THE TIME OF THE FIVE DYNASTIES》，重提吐谷渾種屬篇題，博採眾說：或謂其關乎 A-za（阿紫，如伯希和）　　　或謂其關乎西藏之 DRU-GU（如 THOMAS CARROLL）或阿拉伯之 QUN（如 HALOUN, MINORSKI）或突厥之 AZ（如 PETECH）⑦，為之眩目。MOLÈ 於其書詳列"吐谷渾"古音讀法重建（RECONSTRUCT）的三種方法：*t'uo-kuk-yuən/*t'uo-iwok-yuən/

□□□□ 《 》 □□ □

*t'uo-luk-yuən，而以第二字"谷"音的讀法分歧最大。"谷"多唸為 ku，而高本漢（KARLGREN）重建唸之為 *kuk。照"谷"本又可唸作 yü，這鎧胡注謂"吐谷渾"音作"突浴魂"是也。故伯希和之重建"吐谷渾"讀作 *Tuyuyun 已為學者普遍接受，且有藏文 To-yo-gon，T'u-lu-hun 為佐證⑧。至於 L.A. WADDELL 等之以藏文 Drug（Drug-gu, Dru-gu）與 T'u-ku-hun 語音相同而謹吐谷渾之出於藏族之 DRUG-CUN（THE LITTLE DRU-GU）　CARROLL 復進一步推斷吐谷渾之古音為 *t'uərruk/t'uorruk，而斷其

與藏語 drug-gu/dru-gu 及于闐語 (KHOTANESE) ttūrki/ttruki 有關,亦別樹一幟⑨。至於 RADLOFF 氏認為 TU-[YÜ-]HUN 與 ORKHON-TURKIST 之稱謂 TUJYUN 有關,乃來自突厥語 tuj,乃「通知、察覺」(TO NOTICE, PERCEIVE) 之意,則吐谷渾又似為突厥語系人種矣。而古壯猷則以吐谷渾為 *to-kok-hun 與蒙古語 thoghosun 有關,意即「塵土地」(DUSTY LAND) 之意⑩。於是吐谷渾一時又似是蒙古種,亦即附和伯希和之說。面對眾議紛陳,MOLE 亦苦無計,轉而謂吐谷渾本乃鮮卑,而其族經數百年之□□□█◄███████►█□□□滋進,種族成份必亦日增。與之有接觸、西藏原種及鮮卑、匈奴、漢族、伊蘭種裔均可滲入其種族也。故其族中有中國之張姓 (CHANG)、康國人 (SOGHDIAN) 之康姓 (K'ANG) (赤伊蘭人 IRANIAN),⑪北朝之後,其族亦見有拓拔部 (T'O-PA CLAN),⑫其姓名稱謂有類似匈奴者(如 A-châi 之可能與三國志魏畧提及之匈奴奴隸曰 [A-]tzu-lu 有關)。至於突厥原種之滲透,亦可證諸吐谷渾之女性稱謂 k'o-tsun 之與 TABGAČ 族 k'o-sun 及突厥語 qatun 相配合。若據 PULLEYBLANK 氏,此更可上關於匈奴語

之 o-chih，至如吐谷渾莫何（mo-ho）之屬，亦同樣
可與蒙古、伊蘭及突厥之形式相關連。⑪綜
言之，七十年代西方學者對吐谷渾屬何種族之
問題未有定論，而迄今猶未瞻載全面之解說。

（二）

若僅從部族語言古音追溯圖以證其種喬
，即以嚈噠、吐谷渾而言，其結論未必能完
全正確。 蓋中古中亞草原民族語言複雜
，嚈噠語之未必為蒙古語，拙作《北魏與嚈噠
關係研究》已有辯說。今吐谷渾者亦然。其因
厥有數端：

其一，「吐谷渾」其始僅名，既非國名，
亦非蒙姓、族姓、國姓。以此圖證彼一族之種
喬，即邏輯上言已知其不可。漢種家族制度
魏收於《魏書》謂「姓則表其所由生，氏則記族所由出」⑫
故馮承鈞前輩言漢種「以姓氏為表徵，又有地望以繫之，故
古之姓氏有譜牒可考」⑬ 是以姓氏追蹤族源，

於漢家雖或可據，然 以唐代為例，李唐家世、李白之種屬，尚且不易追尋。

吐谷渾以元祖吐谷渾之"父字為氏"，並"號其國"，實始吐谷渾孫葉延，去吐谷渾之卒已十有二年，其目的亦不過乃葉延之"頗視書傳"、"崇禮"⑭、"好學以為禮"⑮，亦即⑯按漢禮行事，而此種以族元祖之名為姓，於四世紀之草原民族中，亦非罕見。即與吐谷渾同時代之嚅嚅亦如是。檢《北史‧嚅嚅傳》：

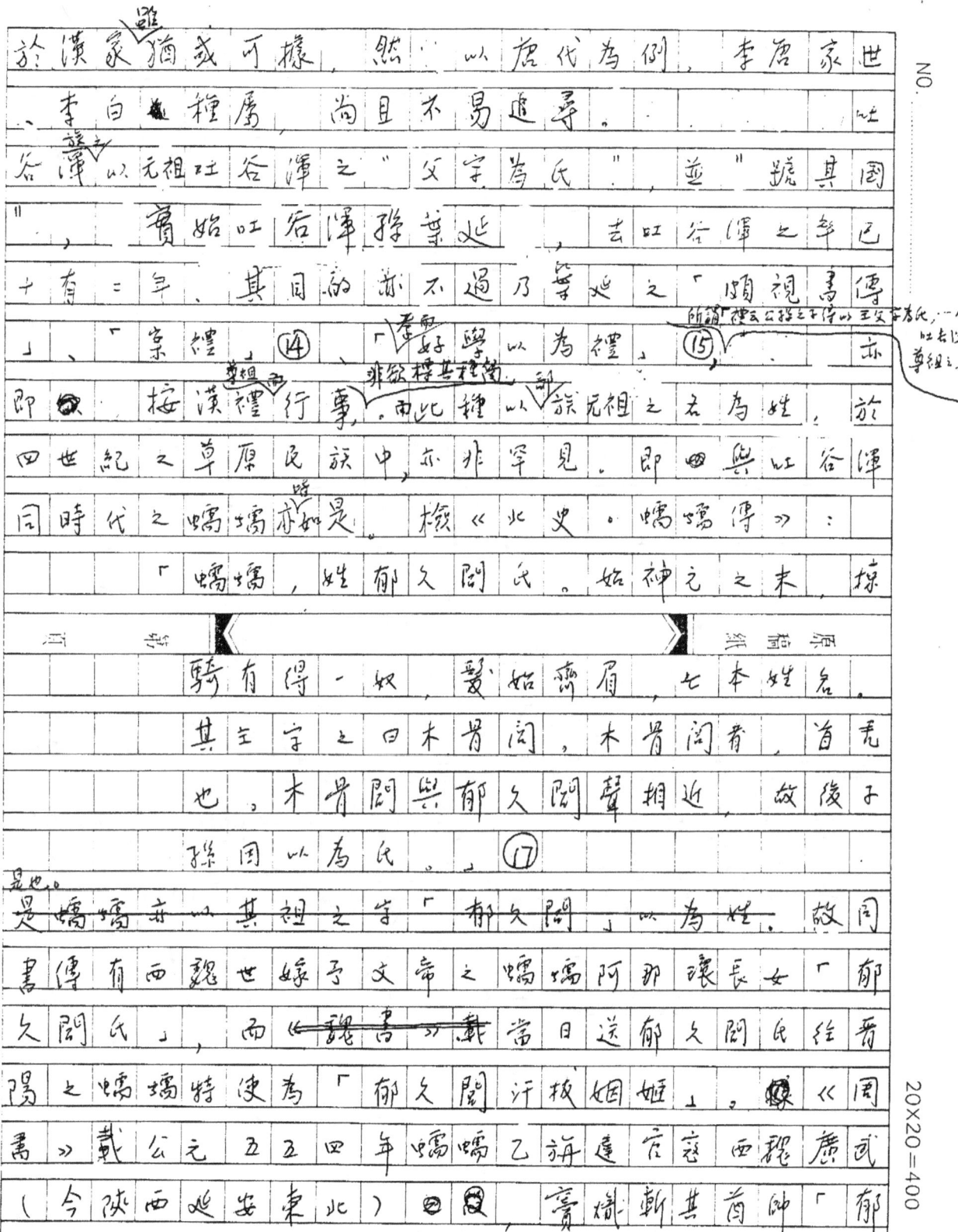

「嚅嚅，姓郁久閭氏。始神元之末，掠騎有得一奴，髮始齊眉，亡本姓名。其主字之曰木骨閭，木骨閭者，首禿也，木骨閭與郁久閭聲相近，故後子孫因以為氏。」⑰

是也。

是嚅嚅亦以其祖之字「郁久閭」以為姓。故周書傳有西魏世嫁于文帝之嚅嚅阿那瓌長女「郁久閭氏」，而《魏書》載當日送郁久閭氏往晉陽之嚅嚅特使為「郁久閭汗拔姻婭」，⑱《周書》載公元五五四年嚅嚅乙辨達官寇西魏廣武（今陝西處安東北）⑲，實欲斬其酋帥「郁

所謂「禮云公孫之子得以王父字為氏」……今以吐谷渾為氏，尊祖之義也⑯

久閭是發」⑱，囵《北齊書》載媯橋匕族之俊

有「郁久閭李家提」辭郡降⑲ 凡此皆「郁久

閭」為姓之實證，惟「郁久閭」「木骨閭」

鮮卑，然終不能以之作為媯橋屬鮮卑之實據，

（三）

其二，若以「吐谷渾」一名古音與蒙古語

對音相合之說，則「吐谷渾」古音所合者亦不

僅蒙古語、藏語，而至少尚有鮮卑語。據《魏

書·官氏志》，鮮卑諸姓已有「吐谷渾氏」

孝文更姓，猶「依舊吐谷渾氏」⑳。故《魏書

》和平六年（465 A.D.）三月有「桐州刺史西平郡王

吐谷渾權弈」㉑ 而馮承鈞前輩斷「諸姓原譯

鮮卑之音」㉒ 則「吐谷渾」一名語出鮮卑殆

無可疑之理。退一步言，若循伯希和、CARROLL

諸氏之潮音求審法，則吐谷渾人名與原屬鮮卑

之媯橋及元魏姓字相合者亦甚多。姑試將之引排作

及《魏書·官氏志》所得資料 粗畧列舉如次

吐谷渾嚈噠元魏姓字言音累對表*

吐谷渾	嚈噠	元魏	備註
奕洛韓(洛歸)		沙漠汗	
可博汗	阿大干	阿伏干	「阿伏干」《魏書·序紀》作「阿伏干」，今從「校勘記」改。
	大檀	大葉干	《廣韻》「韓」字「檀」均上平聲寒韻。
	塔干	出大汗	
阿若干		若干	
樹洛干		樹洛干	《魏書·官氏志》「干」作「于」，今從「校勘記」改。
烏紇堤	溫紇提／契紇提／靡紇提	紇奚	據《廣韻》「堤」「奚」均平聲齊韻。
叱力延	敕連	吐延／豆連	《廣韻》「連」「延」「延」均下平聲仙韻。
拾寅			
拓跋木彌		拓跋	拓跋木彌見《通鑑紀》(p.02)
乙那婁馮		一那婁	《通鑑·胡注》(p.2432)「那婁即同，乙拂婁，慮三字誤」
匹婁拔累	匹候跋	匹婁	《北史·吐谷渾傳》作「七那樓」《魏書·吐谷渾傳》「校勘記」
阿羅真	旡慮真	沒路真	「乙那拔晝·那婁之異譯」(頁2374)
	步鹿真	步鹿根	
乙弗	乙居伐	乙弗	
		羽弗	
	侯匿代	侯力伐	
賀虜頭		賀樓	《廣韻》「頭」「婁」「樓」均下平聲侯韻。
		莫那婁	
		薑樓	
		渴侯	

13

吐谷渾	蠕蠕	元魏	備註
吐谷渾		吐谷渾	
	烏向蘭樹什伐	烏洛蘭	
吝呂		副呂	
		叱呂	
他墨毛	豆畜	丘敦 紇豆陵	《廣韻》「毛」屬「豪」的上平聲之韻。
	醜奴	俟奴	
		叱奴	

(* 本表所列姓氏名字，有關吐谷渾者詳見本文
之敘述部份。有關蠕蠕者見拙著《北魏與蠕蠕
關係研究》（台灣商務印書館 1988年 版）一
書，附錄部份，不贅。元魏姓氏則參
《魏書·官氏志》。）

據此，足證吐谷渾姓字亦出鮮卑，其不必定出諸蒙古語者昭昭然也。[回]

(四)

　　其三，斷言吐谷渾為蒙古種者又嘗以吐谷渾之採用「可汗」名號之說[回]本頗成理。然細察之，則「可汗」之是否出於蒙古，尚存疑問。若就吐谷渾言，其君主始稱「可汗」晚至於夸呂即位年代，《通鑑》誌公元五四〇年吐谷渾

伏連籌卒其子夸呂立「始稱可汗，居伏俟城」[24]是也。夸呂之前，僅嘗自稱「大單于」，此有化《通鑑》貳公元四〇五年「乞伏乾歸擊」吐谷渾大孩，大破之，大孩走吐谷渾視羆世子樹洛于奔莫何川，自稱車騎大將軍大單于」考證[25]。超則吐谷渾本以原屬匈奴之「大單于」名號自許其改用「可汗」名號實乃其成族幾二百三十年後之事，今欲以「可汗」一名[回]斷其種為，則五世紀初樹洛于之自號「大單于」，又如何處理？

又伯希和謂西藏人之稱吐谷渾為 A-za 實出

其四，伯希和據《吐谷渾本前王庶子，謂「當其與嫡生之弟分異時，其弟令使要之還」，而當日「使跪請曰:慕可寒還」。『慕可寒』猶言爾官家也」。伯希和據沈鈞訓下「慕」為「爾」，進進步辭，爾者猶言你也」。而「慕」字之音，「不屬蒙古語之 ci，即屬滿洲文之 si」。且為之結論云：

「官家為當時中國皇帝之稱，既用以釋可寒之義，則當時吐谷渾已有可寒之稱號可知。此三世紀時之可寒，即後日突厥式『可汗（qaghan）』之古稱。」

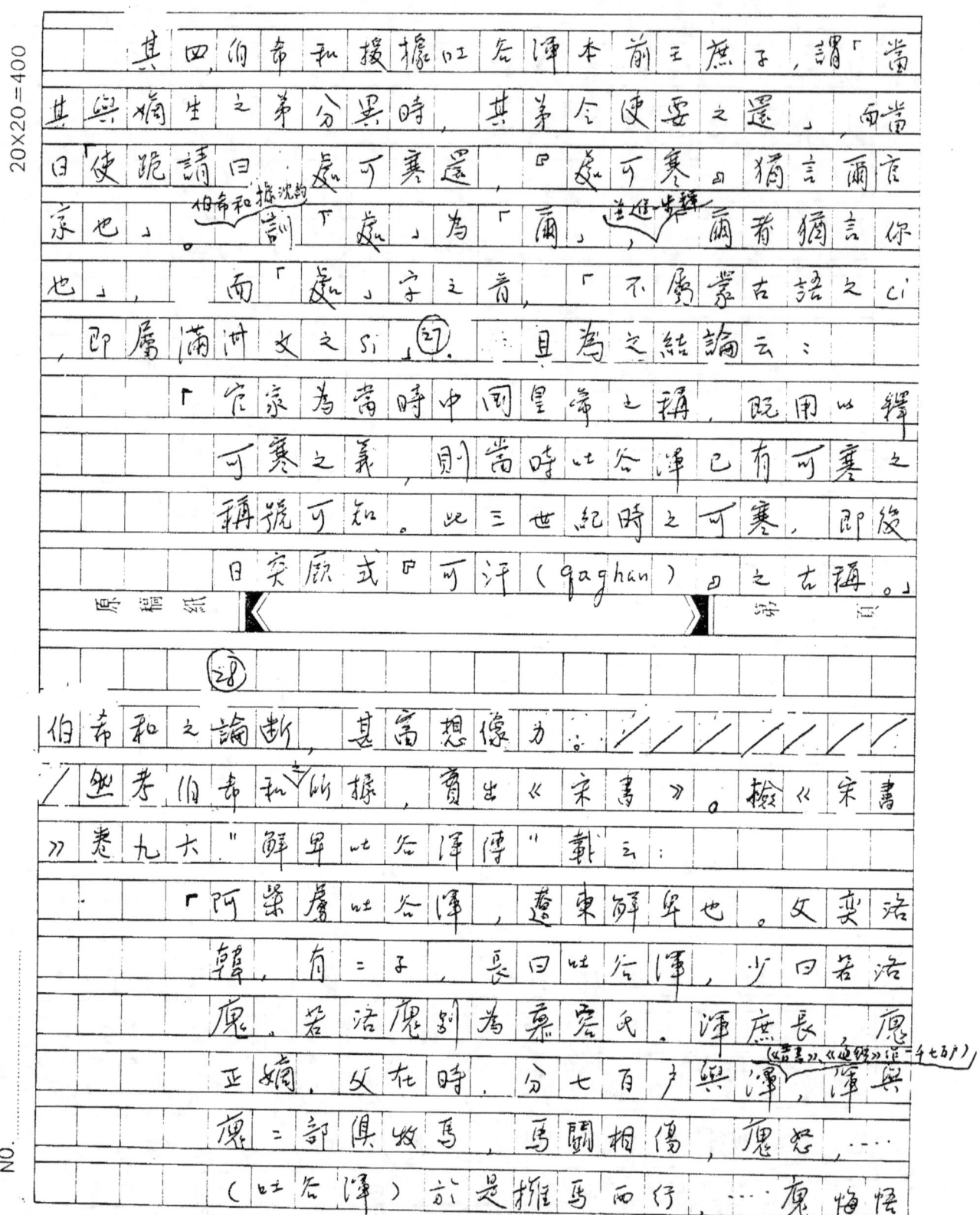

伯希和之論斷，其富想像力。

然考伯希和所據，實出《宋書》。檢《宋書》卷九六 "鮮卑吐谷渾傳" 載云：

「阿柴虜吐谷渾，遼東鮮卑也。父奕洛韓，有二子，長曰吐谷渾，少曰若洛廆。若洛廆別為慕容氏。渾庶長，廆正嫡，父在時，分七百戶與渾，渾與廆二部俱牧馬，馬闘相傷，廆怒，……（吐谷渾）於是擁馬西行，……廆悔悟

《晉書》《通鑑》作二千戶）

，渾自咎責，遣其父老及長史乙那摟
追渾令還。渾曰：「⋯⋯我是卑庶，理
無並大，今以馬致別，指天所啟。諸
君試驅馬令東，馬若還東，我當相隨
去。」乙那摟喜拜曰：「處可寒。」虜言
「處可汗日，宋言爾官家也。」㉙（源象谷廬）

此段文字，詳述吐谷渾、若洛廆兄弟如何因馬
鬥相傷而反目，吐谷渾怒而領部西走，今問題所
在，乃「處可寒」一語，沈約訓「處」為「（當作何解）
爾」，書無可疑，惟可惜者，伯希和釋「爾」為

（吐谷渾考） ◀ ▶ （若洛廆）

「你」，並謂其屬蒙古語 ci 滿洲語 si。遂令
《宋書》此段文字全不可解。當日吐谷渾憤而西走（題）
其弟若洛廆悔而遣乙那摟追之，吐谷渾遂開
列東歸之條件：「諸君試驅馬令東，馬若還
東，我當相隨去」，乙那摟以條件不苛，故即
時「喜而拜」，並曰：「處可寒。」若將「處可（係追隨）
寒」解作「你可寒」實莫名其妙之極，實茫然
費解。筆者認為，「處」乃「爾」，而「爾」
當作「如此」解㉚，「處可寒」即「如等寒」（此者）
亦即「如此寒」之所言也」，是「處」之不為蒙語（此者）

之 ci 滿語主 si 可知矣。[30] 又「可寒」一詞，伯希

和斷定為「可汗」，其論亦欠穩當。若吐谷渾

族於其之祖吐谷渾時，並無「可汗」之號，即 （四世紀初）

草原民族強盛者如蠕蠕，其採用「可汗」名號

據筆者研究，亦僅始於社崙（公元四0二

年社崙自號「豆代可汗」）時，亦即晚至公元五世紀初

此亦見宋代程大昌之《北邊備對》謂「後魏之世蠕蠕社崙始設號率為可汗者，其採則蓋自此也」[31]

，況吐谷渾當日所率，不過二千七百户，國且

未成，何能有「可汗」之號？是知伯希和所論

，未能合當時之歷史情勢。//// 余意以為

「可寒」當為「阿干」之異譯，而《宋書·

吐谷渾傳》兩記乙那樓之呼吐谷渾為「可寒」

，實乃「阿干」之異寫。沈約謂「可寒」宋言「官家

」，遂以「可寒」為「可汗」。宋世（420AD—

479 A.D.）草原民族之「可汗」猶如漢象天子（官

家）雄乃事實，即於公元四二0至四七九期間

，蠕蠕民族已有牟汗紇升蓋可汗（大檀）、敕

連可汗（吳提）、處可汗（吐賀真）、受羅部

真可汗（予成）[32]諸「可汗」之名號，震懾中國

，此沈約所以未知者，乃四世紀初中國西北重要

之草原民族如蠕蠕及稍晚之吐谷渾，從可見之

文字史料顯示，未嘗有自號「可汗」者也。況
吐谷渾西走之時，率部不多，其元族之
掌權者猶為其嫡茅若洛廆，廆從左洛廆差遷之
乙那樓擘呼吐谷渾為「可汗」，確乎不可思議。持此二
因，足見沈約「官家」一說之為誤。是故《北史
》、《南史》、《南齊書》、《梁書》、《魏
書》、《周書》之本傳均不錄處「宋書爾官家」一句
不無道理也。伯希和不察，誤信之耳。筆
者疑「可寒」實即「阿干」，不單可在聲韻中之
說，而對於《宋書》之上文不理，尤能曹兩海
之。蓋「寒」、「干」、「汗」三字均上平
聲寒韻。據唐韻「干」讀「古寒切」，汗又音
「寒」是也。③③ 且《宋書》上引文「可寒」若不
作「阿干」，則全文難以通解。惟有如是，此後
「處可寒」始可解作「如阿干」（即如阿干之
言也）。而《宋書》《北史》之載乙
那樓奉令說吐谷渾東歸失敗後跪曰：「可寒
此非後人事！」之「可寒」「可汗」方有所
指。而其與吐谷渾西走後史稱「若洛廆追思吐谷
渾，作阿干歌，徙阿以兄為阿干也」之「阿

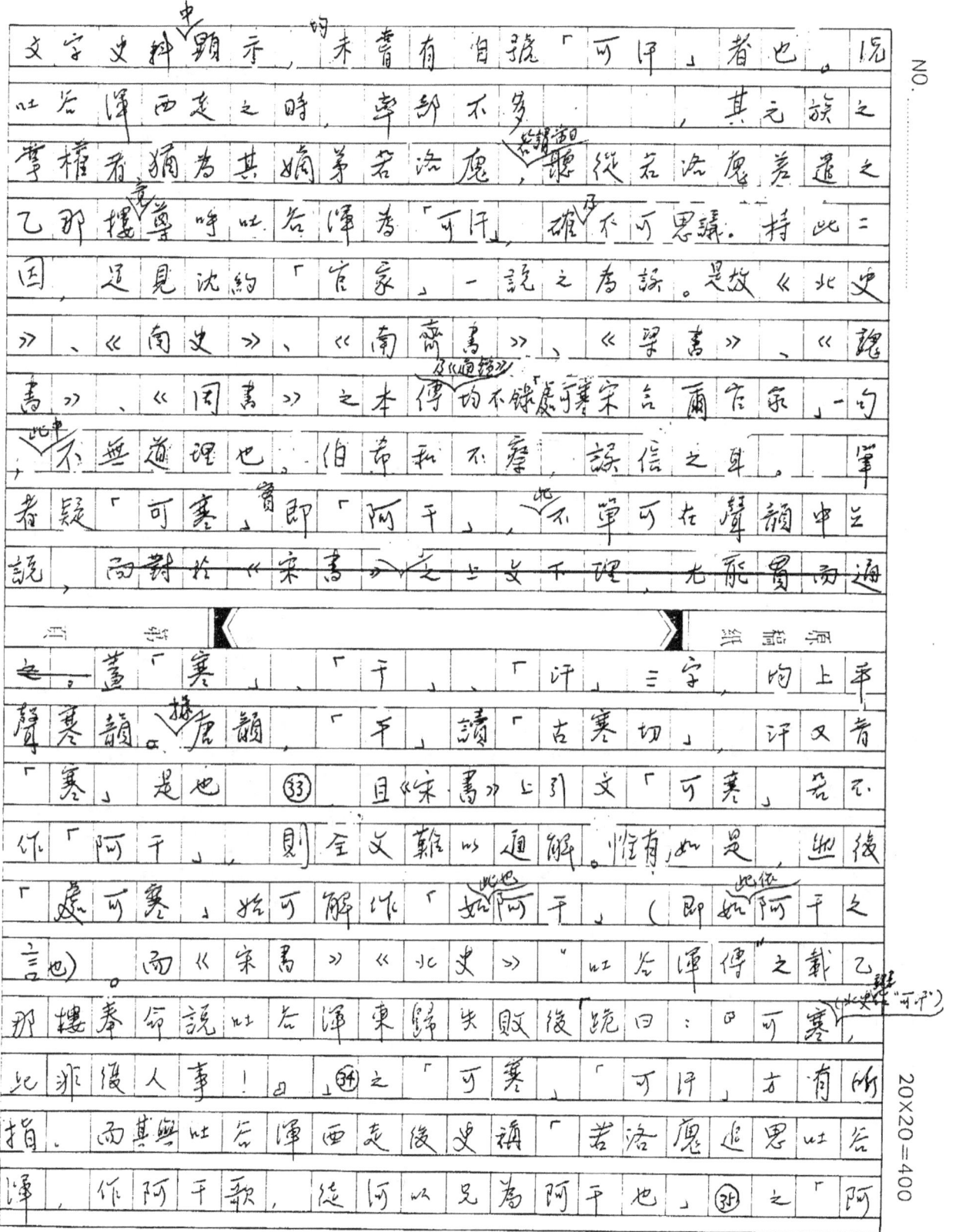

干」是干一脈相承也。若諾鹿之作「阿干歌」、「
阿干」乃指吐谷渾無疑，是則此「阿干」除具有
「絕阿以兄為阿干」之義外，泛稱吐谷渾言 想必另具專稱之義
也。余疑「阿干」當日實吐谷渾之別名，即如
其文浮歸之「一名奕洛韓」㊱也。考四、五世紀
之草原民族 嫣 [「他」「阿」，口下本作呼歌謂㊲] 嫣有「可大干」，有可汗曰「他
汗」；元魏鮮卑姓字有「阿伏干」、「沙漠汗」、
「出大干」；而吐谷渾本身亦有「可博汗」、
「阿若干」㊳。凡此與「阿干」、「可干」、
「可寒」、「可汗」之語音均相當接近，緣此

「可寒」為「阿干」之異譯，而「阿干」為
吐谷渾之別名，信乃合理之推斷。至若「阿干
」會否為日後「可汗」一號之前身，則屬別論
矣。《宋書·吐谷渾傳》所紀吐谷渾世之「可
寒」，當無「皇帝」之義也。

其五，伯希和謂西藏人之稱吐谷渾為 A-za，實出

宋書云「阿柴虜比谷渾，遼東鮮卑也」及「西北

諸雜種謂之阿柴虜」，而「西藏人優襲用其名

稱，始有 A-za 之對音也」㊴。伯希和以 A-za 乃

「阿柴虜」之「阿柴」之對音，其說甚是。然

伯希和進一步論「阿柴」之出處，謂「阿柴」

與《魏略·西戎傳》所誌之「賮虜」云「賮虜，

本匈奴也，匈奴名奴婢為賮」不無關係，遂紀

論云「安知西藏之『阿柴（A-za）』非《魏略》『阿

賮』之異譯」㊵，筆者殊未敢苟同也。以「阿柴

虜」為「阿賮虜」，非伯希和之創見，而實出唐

杜佑之《通典》。《通典》卷一九〇"邊防六· 西

戎二"之述"吐谷渾"云：

「其西北諸雜種謂之阿賮虜。」㊶

睹其句式，此語實抄《宋書》「西北諸雜種謂

之為阿柴虜」㊷。杜佑何以將《宋書》之阿柴

作「阿賮」，筆者推究，此實緣蕭子顯之誤筆

也。蕭子顯於《南齊書·河南傳》云：

「河南，匈奴種也。漢建武中，匈奴奴

婢亡匿在涼州界雜種數千人，虜名奴

婢為賮，一謂之『賮虜』。鮮卑慕容

廆庶兄吐谷渾為氐王。在益州西北，亘數千里。其南界龍涸城，去成都千餘里。」(43)

蕭子顯既云河南（吐谷渾）為匈奴種於前，而後誌吐谷渾為鮮卑於後，已甚矛盾。而傳文「漢建武中」至「一謂之『貲虜』」一段，與《三國志》之《魏略・西戎傳》所述「貲虜」事文字幾完全相同。考《魏略・西戎傳》記此事云：

「又故武都地陰平街左右亦有萬餘落貲虜，本匈奴也。匈奴名奴婢為貲。始建武時，匈奴衰，分去，其奴婢亡匿在金城、武威、酒泉、北黑水、西河東西，畜牧逐水草，抄盜涼州，部落稍多，有數萬，不與東部鮮卑同也。其種非一，有大胡，有丁令，或頗有羌雜處，由本亡奴婢故也。」(44)

《魏略・西戎傳》乃宋裴松之注《三國志》之引文，《四庫全書總目提要》稱其「凡六朝舊籍今所不傳者，尚一一見其厓略」(45)。《魏略・西戎傳》即其一例。《三國志》裴注引《魏略》在前，而蕭子顯行文相若於後，則蕭氏謂吐谷渾為

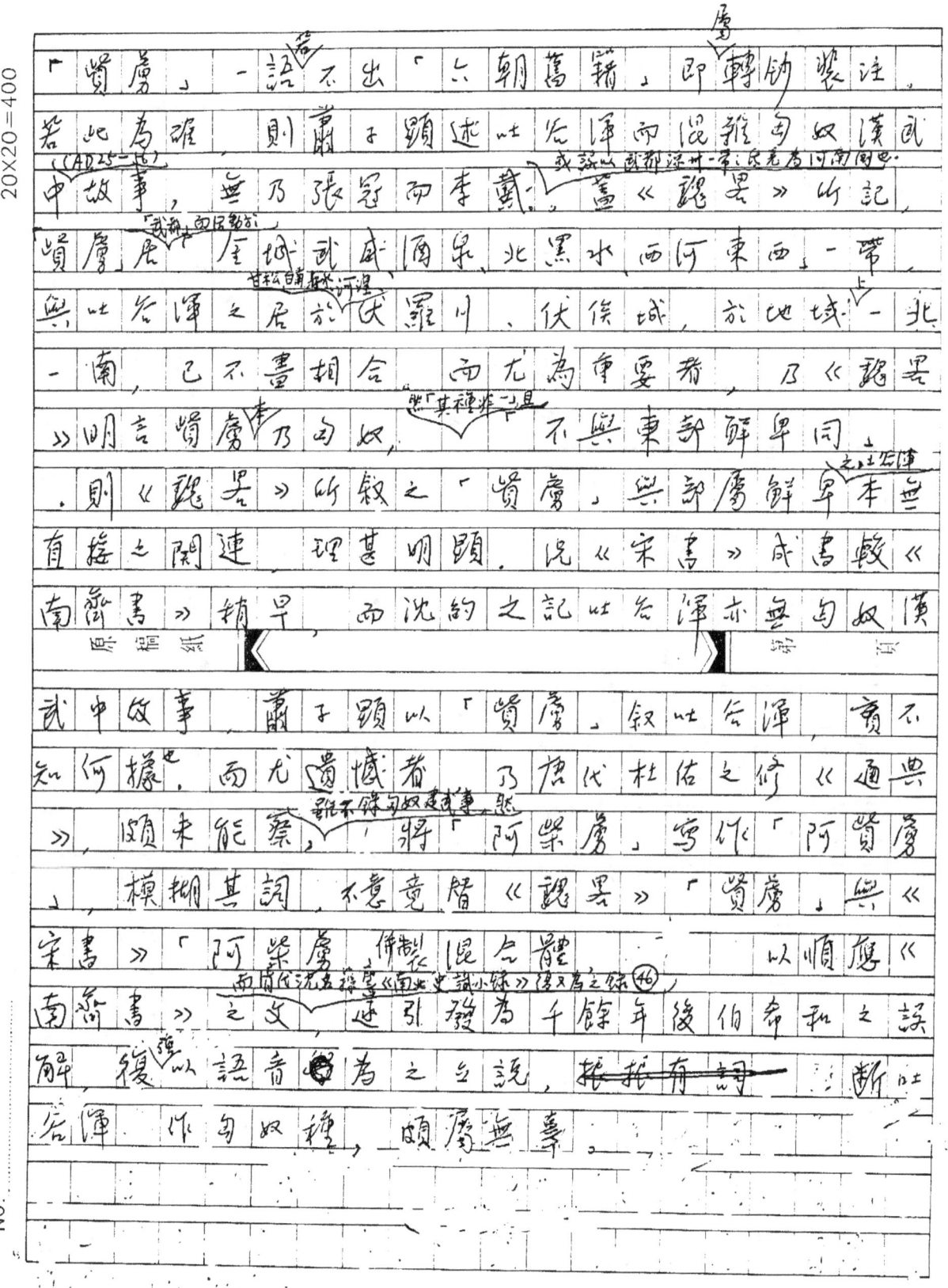

「貲虜」一語不出「六朝舊籍」，即轉鈔裴注．

若此為難，則蕭子顯述吐谷渾而混雜匈奴漢風

中故事，無乃張冠而李戴．蓋《魏畧》所記

貲虜居「金城武威酒泉、北黑水、西河東西」一帶

與吐谷渾之居於氐羅川、伏俟城，於地域一北

一南，已不盡相合，而尤為重要者，乃《魏畧

》明言貲虜乃匈奴，不與東部鮮卑同

，則《魏畧》所敘之「貲虜」與部落鮮卑本無

直接之關連，理甚明顯．況《宋書》成書較《

南齊書》精早，而沈約之記吐谷渾亦無匈奴漢

武中故事，蕭子顯以「貲虜」叙吐谷渾，竟不

知何據．而尤遺憾者，乃唐代杜佑之修《通典

》，頗未能察，將「阿柴虜」寫作「阿貲虜

」，模糊其詞，不意暗暗《魏畧》「貲虜」與《

宋書》「阿柴虜」併製混合體，以順厲《

南齊書》之文，遂引發為千餘年後伯希和之誤

解，復以語音為之立說，斷吐

谷渾作匈奴種，頗屬無事．

筆者認為，《宋書‧吐谷渾傳》之稱吐谷
渾為「阿柴虜」，事因公元四一七年嗣位之吐
谷渾明君「阿豺」之「兼并氐羌，號為強國」。始屬使指宋朝貢，⑰延
據《北史‧吐谷渾傳》：中國，直音中國定宗。

立自號驃騎將軍沙州刺史……阿豺
「樹洛干卒，弟阿豺兼并氐羌，比方數
千里，號為強國，……遣使通宋，獻其
方物，宋少帝封為澆河公。未及拜受
，宋文帝元嘉三年又加除命，又將遣
使朝貢。」48

是南朝宋初即公元五世紀的阿豺之各并居於宋

西北：氐羌，正合《宋書》謂「西北諸雜種謂
之為阿柴虜」⑭。蓋西北諸雜種當指氐羌
《通鑑》所稱「生僚小種 50 及，而「柴」「豺」兩字於當日聲韻俱合，並
為上平聲皆韻 51，故《通鑑》之誌阿豺事，阿
豺俱作「阿柴」 52 君再擇當日阿豺與宋少帝
、文帝之往還，則就史實、就史料、就音韻而
言，阿豺即「阿柴」乃不爭之史實，伯希和
將「阿柴」比上阿貴虜」，殊覺無謂也

(六)

若再退一步言，吐谷渾果真蒙古語、(A-2a)

果真匈奴語，然猶未〔是也〕證吐谷渾為蒙古為匈奴

也。蓋吐谷渾民族之來源，與拓跋鮮卑甚相類

同，均來目於昔日〔曾〕受匈奴控制之「鮮卑山」，

據《晉書》記吐谷渾兄慕容廆略為云：

「慕容廆……世居北事，邑于紫蒙之野

，號曰東胡。其後與匈奴並盛，控弦之

士二十餘萬，風俗官號與匈奴畧同。泰

漢之際為／匈奴所敗，分保鮮卑山，因

以為號。」⑬

此正與《魏書》〔此說〕所記拓拔鮮卑之「國有大鮮卑

山，因以為號」者⑭，完全相同也。惟須注意

者，系出鮮卑山之民族早期文化深受匈奴〔蒙古〕

響，乃當日歷史之必然，此正《晉書》言慕容

廆之「風俗官號與匈奴畧同」是也。是則吐谷

渾民族之報〔亦〕固匈奴固說絕不為奇。然據之而證

其為匈奴人、蒙古人〔則〕無乃漠視正史對吐谷渾早

期歷史之文種記敘，其本身亦不合道理。

（七）

　　此則吐谷渾當屬何種裔歟？筆者認為，若
無更新更多之證據發現前，吐谷渾仍屬鮮卑東
胡種也。此些南北朝史家，基本上並無異說。《
魏書·吐谷渾傳》：

　　　「吐谷渾，本遼東鮮卑徒河涉歸子也。
　　」㊿

《宋書·鮮卑吐谷渾傳》：

　　　「阿柴虜吐谷渾，遼東鮮卑也。」㊼

《南齊書·河南傳》：

　　　「鮮卑慕容鹿廆庶兄吐谷渾為虜王。」㊽

《梁書·河南傳》：

　　　「河南王者，其先出自鮮卑慕容氏。」
　　㊾

《周書·吐谷渾傳》：

　　　「吐谷渾，本遼東鮮卑慕容廆之庶兄也
　　。」㊾

《北史·吐谷渾傳》：

　　　「吐谷渾，本遼東鮮卑徒河涉歸子也。」
　㉖

26

《南史・河南傳》：

　　「河南王者，其先出自鮮卑慕容氏。」
　　⑥

《隋書・吐谷渾傳》：

　　「吐谷渾，本遼西鮮卑徒河涉歸子也。
　　」⑥

《舊唐書・吐谷渾傳》：

　　「吐谷渾，其先居於徒河之清山。」⑥

《通鑑》：

　　「吐谷渾者，慕容廆之庶兄也，又涉歸

　　……」⑥

　　　　諸書，皆言吐谷渾為鮮卑也。而惟《南齊書》中
，未嘗有言其為匈奴者。元代周致中《異域志
》記「韃靼」云：

　　「韃靼，一名匈奴，一名單于，一名獫狁
　　，一名突厥，一名儼蜀，一名契丹，
　　一名羌胡，一名蒙古，種類甚多。」
　　⑥

周氏記匈奴蒙古不包鮮卑，是元世蒙古與鮮卑有
別，殆無疑也。是則吐谷渾之不為匈奴，不屬

又《晉書・吐谷渾
傳》記吐谷渾三世孫
葉延云：「吾祖
始自昌黎光宅
於此，⑥則吐谷
渾之出於遼東鮮
卑，斑斑可考。

蒙古，古典已有明載，安能以一字半詞之言者
@測度，遽可翻案？

　　至若吐谷渾之語言文化，則筆者亦信其不必
紀出鮮卑，然其大體則猶以鮮卑為主也。此魏
世楊衒之《洛陽伽藍記》貳宋雲使西域記吐谷渾云：（神龜元年 AD.518）

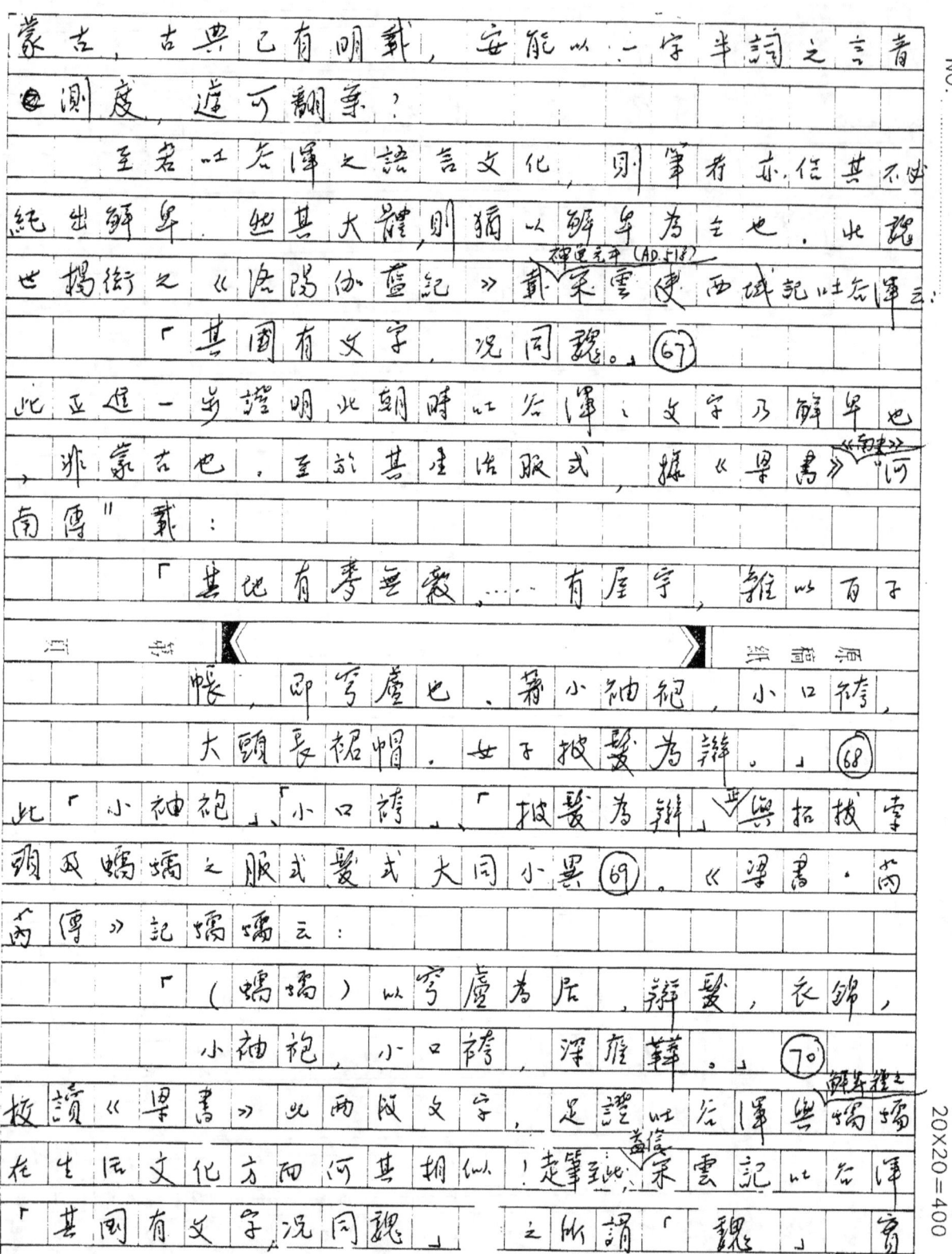

　　「其國有文字，況同魏。」⑥⑦
此正進一步證明此朝時吐谷渾文字乃鮮卑也
，非蒙古也。至於其生活服式，據《梁書》"河 《南史》
南傳"載：

　　「其他有麥無蠶……有屋宇，雜以百子
　　　帳，即穹廬也。著小袖袍，小口褲，
　　　大頭長裾帽。女子披髮為辮。」⑥⑧
此「小袖袍」「小口褲」「披髮為辮」與拓拔魏
羽及嚈噠之服式髮式大同小異⑥⑨。《梁書·芮
芮傳》記嚈噠云：

　　「（嚈噠）以穹廬為居，辮髮，衣錦，
　　　小袖袍，小口褲，深雍韡。」⑦⓪
校讀《梁書》此兩段文字，足證吐谷渾與嚈噠
在生活文化方面何其相似！走筆至此宋雲記吐谷渾
「其國有文字況同魏」之所謂「魏」實

指鮮卑也。

　　惟既如是，吐谷渾之文化其實當甚複雜。除鮮卑姓之外，觀吐谷渾族民族曰成族之歷史及其早期流動之範圍，其所接觸及吸納之不同文化，當甚廣泛。而吐谷渾亦頗類中國遷陸胡種，多少經歷某種程度之漢化歷程。前論四世紀初葉兆之依漢禮以「吐谷渾」為姓，已啟漢化先兆。〔四世紀末視然也，史稱「智有模，知古今，司馬博士皆閩儒士」[71]〕其後至五世紀初阿豺世之「始受中國官爵」，迄五世紀中拾寅之「乃用書契，起城池，築宮殿，其小王並立宅，國中有佛法」[72]，其抄襲配合

〔公元五六七年宋雲使西域謂吐谷渾「風俗政治，多為東法」[73]，此「東法」當指南朝中國也（遠當日南指北魔，北書指南魏東[74]）〕

中國文化，至甚明顯。而《魏書》記公元五三〇年左右陽夏太守傅標使吐谷渾，「見其國主床頭有書數卷，乃是（浮）子異文也」[75]。足見當時在位之吐谷渾主伏連等亦習漢文也。復據《南史》，公元五四〇年：

「五月乙卯，河南王遣使朝，獻馬及方物，求釋迦像并經論十四條，敕付像并制旨涅槃般若金光明講疏一百三卷。」[76]

此亦吐谷渾奉佛之證明。MOLE氏謂中國典籍並

無提供有關吐谷渾原始宗教信仰（PRIMITIVE RELIGION）之資料，逐假定此草原民族其初奉（SHAMANISM），其後因佛教之迅速擴展而從中國及塔里木盆地之綠洲城鎮輸入佛教（BUDDHISM）[77]。《梁書》及《南史》之所記，正好補 MOLÉ 氏之所未知也。

吐谷渾當日文通南北朝，李延壽猶稱其「提挈于闐，吁通江左」[78]。然此活動固不限於官方，亦見於民間。《南史》載吐谷渾「其地與益州隣，李通商賈」[79]，《梁書》又記吐谷渾：

「其地與益州隣，李通商賈，民慕其利，多往從之，教其書記，為之辭譯，稍梁點矣。」[80]

是知吐谷渾在此種經官私活動中學習中國文教，當無疑問也。

其對吐谷渾文化有影響者，亦不限中華。而至少尚有嫣嬌、嘅嚏、氐羌諸國。嫣嬌嘅嚏吐谷渾之「特有根據」[81]，頗此文通，拙作《北魏與嫣嬌關係研究》一書已有淺析[82]。今不贅述。至於吐谷渾與氐羌尤其宕昌關係則更為密切

典籍固以李延壽於《南史》合編為"西戎"，並曰「河南、宕昌、鄧至、武興，其本並為羌、羗之也」㊽，無怪《梁書》之敘宕昌，竟謂「其衣服、風俗與河南畧同」矣㊾。而吐谷渾部內其實亦有羌民，例如《魏書》所記孝文帝延興三年（A.D. 473）「吐谷渾部內羌民鍾豈喝干等二千三百戶內附」㊿是也。吐谷渾與宕羌雖經威脅中國，筆者於下文敘吐谷渾歷史時將有較深入之論說，於此不表，要者「河湟之間」難書為「吐谷渾故地」（胡朋經《禹貢錐指

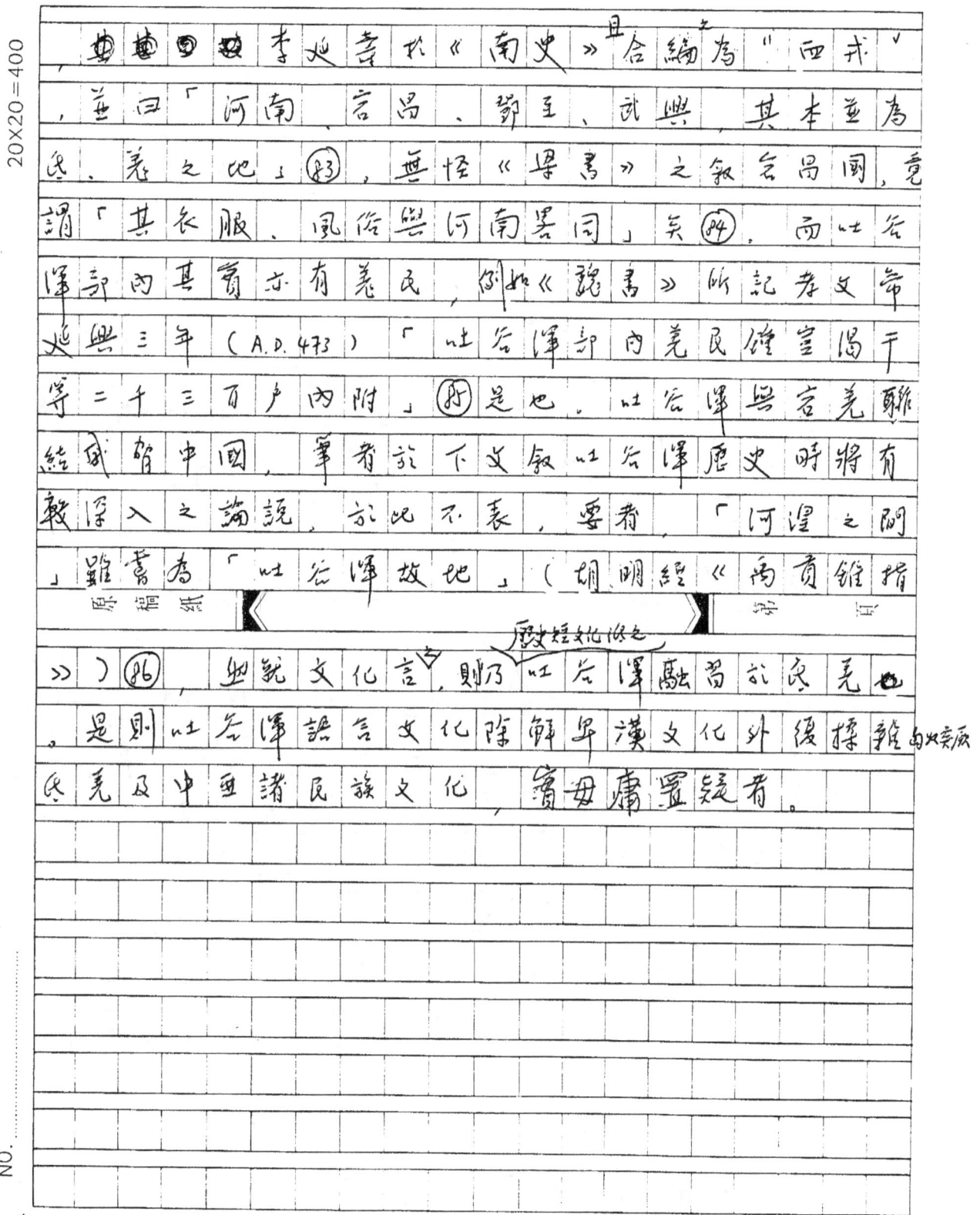

》）﹙86﹚，如就文化言，則乃吐谷渾融昌於民羗，是則吐谷渾語言文化除漢文化外復摻雜民羗及中亞諸民族文化，實毋庸置疑者。

（八）

總而言之，吐谷渾語姓多出鮮卑，不必盡乃蒙古。故以吐谷渾語姓證其種為，未必可靠。況語譯之間，不無舛譯，此即玄奘《大唐西域記》慨嘆之「通譯音訛，方言語譯，音訛則義失，語譯則理乖」[87]者也。故僅藉史典片言隻語之言音研究而為史事下定論，其危險性之高，可想而知，況吐谷渾語言文化或後頗甚混雜，既為鮮卑而亦已雜漢與胡羌，要考其語言定性本甚困難。且吐谷渾鼎盛時實雄霸中亞，即《隋書‧裴矩傳》所載「突厥、吐谷渾分領羌胡之國」[88]處也。而當日中亞民族之語言，據 PENTTI AALTO 於其 "ON THE MONGOL TRANSLATIONS OF BUDDHIST TEXTS" 一文所述，在阿育王（ASOKA，筆者按，即 ASHOKA，在位年代為公元前 273 至 232 年）時，中亞西部為伊蘭語系民族如粟特人（SOGDIANS）與塞種人（SAKAS）所居，處其鄰者則為居於 KUCHA 及 AGRI 之印歐族民族（INDO-EUROPEAN PEOPLE）即今學者所稱之吐火羅人（TOKHARIANS）。佛教乃由粟特人傳於突厥

種之突厥人及維吾爾人（UIGURS）者，而伊蘭人與吐火羅人（約十世紀前）（TOKHARIANS）其後亦相繼突厥化。然當粟特及印度僧侶之譯佛教經典為維吾爾文時，仍每保留其粟特之詞彙（SOGDIAN TERMINOLOGY）。其後維吾爾人無論宗蒙古人中從事佛教僧侶之名種活動。從蒙古之譯 PAÑCARAKṢĀ 為 TABUN SAKIYAN 足證佛教典籍之最早蒙古繙譯其發音甚近似維吾爾語[89]。若 AALTO 之論為實，則吐谷渾語之有否滲入粟特語

又或馮承鈞所言之月支語，皆難遽作此想法，于闐語[91]，尚未可知也。而蒙古語之本原問題，今學術界尚未有定論[90]，考 AALTO 氏等於其文 "SANSKRIT

AND MONGOL LANGUAGE AND LITERATURE" 且言蒙古語原與突厥語（TURKIC）及東胡語（TUNGUS LANGUAGES）有關連，而某些詞字頗與阿爾泰（ALTAIC）語半之 ARYAN（INDO-IRANIAN）詞字相通[92]。是則蒙古語之成分亦甚複雜，其含有東胡語之成份亦毫不足奇。若以之證吐谷渾為蒙古，實僅能視作旁證，而不可奉之為金律焉。

一九九二年五月初稿，十二月修訂畢功。

33

註釋

① 伯希和，"吐谷渾為蒙古語系人種說"．載馮承鈞編譯，《史地叢考》．台灣商務印書館 1969 年版．又 PELLIOT, P., 《NOTES ON MARCO POLO》II. PARIS: IMPRIMERIE
《史地叢考》
NATIONALE 1963.
T'U-YÜ-HUN, 'A
NATION OF ALTAIC STOCK,
PROBABLY MONGOLIAN.'
P. 689

② 伯希和，上引，馮譯，頁 79．

③ PARKER，上引，頁 107 — 111

④ CARROLL S.J., THOMAS D.，《ACCOUNT OF THE T'Ù-YÙ -HÙN IN THE HISTORY OF THE CHIN DYNASTY"（DYNASTIC HISTORIES TRANSLATION NO. 4，INSTITUTE OF EAST ASIATIC STUDIES.）BERKELEY & LOS ANGELES: UNIVERSITY OF CALIFORNIA PRESS, 1953．

⑤ CARROLL，上引，頁 20，NOTES NO. 15．

⑥ CARROLL，上引，頁 17-18，NOTES NO. 6．

⑦ MOLÈ, GABRIELLA，《THE T'Ù-YÙ-HUN FROM THE NORTHERN WEI TO THE TIME OF THE FIVE DYNASTIES》．ROMA: ISTITUTO ITALIANO PER IL MEDIO ED ESTREMO ORIENTE 1970．P. XXVI

⑧ MOLÉ，前引，頁66，註1．

⑨ MOLÉ，前引，頁67，註1．

⑩ MOLÉ，前引，頁67，註1．

⑪ MOLÉ，前引，頁XXVII．

⑫ 魏收，《魏書》卷113 北京中華書局1974年版，頁3005．

⑬ 馮承鈞，"唐代華化蕃胡考"，見《西域南海史地考證論叢彙輯》，香港中華書局 1976年版，頁135．

⑭ 魏《北史》，卷96，台灣中華書局1970年二版，頁5下．

⑮ 《資治通鑑》，卷94，頁2973．

㉑ 馮承鈞，"唐代華化蕃胡考"上引，頁136，137．

㉙ 《魏書》，卷5，北京中華書局1974年版，頁122

⑯ 《晉書》卷97 "吐谷渾傳"，頁2537．

⑰ 李延壽，《北史》，台灣中華書局，1970年版，卷98，頁9下．

⑱ 令狐德棻，《周書》，台灣中華書局，1970年，卷30，頁2上．

⑲ 李百藥，《北齊書》，北京中華書局 1972

年版，卷4，頁60。

⑳ 《魏書》，前引，卷113，"官氏志"，
頁3008。

㉑ 《魏書》，前引，卷5，頁122。

㉒ 馮承鈞，"唐代華化蕃胡考"，上引，頁 _{載《西域南海史地考證論著彙輯》}
136。

㉓ 伯希和，"吐谷渾為蒙古語系人種說"，
載《史地叢考》，見前，頁79。又 MOLE 前
引書，頁 XXVII，亦有有關「可汗」(k'o-han)
之論說。

㉔ 司馬光，《資治通鑑》，台灣世界書局1970
年版，卷158，頁4907，梁武帝大同六年條。

㉕ 《資治通鑑》，前引，卷114，頁3580，晉安
帝義熙元年條。

㉖ 《北史》，前引，卷98，"吐谷渾傳"，頁9上。

㉗ 伯希和，"吐谷渾为蒙古語系人种語"，

載《史地叢考》，前引，頁79.

㉘ 伯希和，"吐谷渾为蒙古語系人种託"，

載《史地叢考》，前引，頁79.

㉙ 沈約，《宋書》，前引，卷96，"吐谷渾

傳"，頁2369.

㉚ 據舒新城等《辭海》，中華書局1947年

版，頁864，"爾""猶如此也"，據引"禮

雜記"「有命命焉爾也」，"經傳釋詞"云

：「焉，猶乃也，爾，如此也。」

㉛ 潘同鍵，《此魏與嶠嶠閣修研究》，前引

，頁65. （宋)程大昌，《北邊備對》景明印本《古今逸史》，出版年代缺，"厲壽説"頁3.

㉜ 潘同鍵，《此魏與嶠嶠閣修研究》，前引

頁242-243，"嶠嶠與民簡志"

㉝ 陳伯年等，《按正宋本廣韻》，台灣藝文

印書館，1986年版，頁120

㉞ 《北史》，前引，卷96，"吐谷渾傳"

頁5上；《宋書》，前引，卷96，"吐谷

渾傳》，頁2370

㉟ 《宋書》，前引，卷96，"吐谷渾"，頁2370

，《北史·吐谷渾傳》同.

㊱ 《北史》，前引，卷96 ，"吐谷渾傳"，頁上上.

㊲ 陳伯年等，《校正宋本廣韻》前引「仙」，頁160；兩頁161

㊳ 並見本文"吐谷渾嬌蠣之麗姓字語音對照表".

㊴ 伯希和，"吐谷渾為蒙古語系人種說"載《史地叢考》，見前，頁77-78.

㊵ 伯希和，"吐谷渾為蒙古語系人種說"，載《史地叢考》，見前，頁78.

陳壽，《三國志》，台灣中華書局1968年版

㊶ 杜佑《通典》，台灣新興書局1966年版.

㊷ 《宋書》，前引，卷96，頁2370.

㊸ 《南齊書》，見前，卷59，"河南"，頁1025-1026.

㊹ 陳壽《三國志》，台灣中華書局1968年版，卷30，烏桓"魏書"，頁23下.

㊺ (清)永瑢等，《四庫全書總目提要》，王雲五編，台灣商務印書館1971年版，冊二，頁史部正文類一，"三國志"，頁18.

㊻ 沈名璟、朱昆田，《南北史識小錄》，張

應昌補正，同治辛未，武林朱氏清末堂校

刊，卷13，"柔豺傳"，頁18下。

㊼ 杜佑，《通典》，見前

卷190，"邊防六·西戎二"，"吐谷渾"

頁

㊽ 此史》，前引，卷96，頁6上。

㊾ 沈約，《宋書》，北京中華書局1974年版。

卷96，頁2370。

㊿ 《資治通鑑》，前引，卷118，晉安帝義熙

十三年，頁3700

(51) 陳伯年等，《校正宋本廣韻》，前引，「

柴」上平佳韻，頁93，「豺」上平皆韻，頁95.

《晉書》卷125 "乞伏熾磐傳"，本傳于「阿柴(豺苔干)第阿柴嗣立」，頁3125.

(52) 《資治通鑑》，前引，卷118，晉安帝義熙

十三年，頁3700；又卷119，宋武帝永初二年

頁3740；又卷119，頁3753，又卷120，頁3773，

「阿豺」均作「阿柴」。

(55) 《魏書》，前引，卷101，頁2233。

(56) 《宋書》，前引，卷96，頁2369。

(57) 《南齊書》，前引，卷59，頁1024。

(53) 《晉書》卷108，"慕容廆傳"，頁2803。

(54) 見《魏書》卷1，"序紀"，頁1.《北史》卷1，"魏紀"，頁一上.

58. 姚思廉，《梁書》，北京中華書局1973年版，卷54，頁810.

59. 令狐德棻，《周書》，台灣中華書局1971年據武英殿本校刊版，卷50，頁4上。

60. 李延壽，《北史》，台灣中華書局1971年據武英殿本校刊版，卷96，頁5上。

61. 李延壽，《南史》，北京中華書局1975年版，卷79，頁1977.

62. 魏徵，《隋書》，藝文印書館據清乾隆武英殿刊本景印，出版年也缺，卷83，頁919

63. 劉昫，《舊唐書》，台灣中華書局1971年據武英殿本校刊版，卷198，頁5下。

64. 司馬光，《資治通鑑》，台灣世界書局1960年版，卷90，晉元帝建武元年（A.D.317）十二月條，頁2852.

65. 《晉書》卷97"吐谷渾傳"，頁2539. 又《宋書》卷96"吐谷渾傳"，記事止「自號車騎大將軍...」，頁2371.

66. 周致中，《異域志》，藝文印書館明刊本《夷門廣牘》，冊五，出版年也缺，卷上，頁12上。

67. 楊衒之，《洛陽伽藍記》，周祖謨校譯，香港中華書局1976年版，卷5，頁184.周氏注云

，「此句疑為衣冠同魏之誤」，未知何據

68 《梁書》，前引，卷54，頁810，《南史》前引，卷79，頁1978-九.

69 拓拨、嬙嬙服式曩式，参拙著《吐谷渾與吐谷渾詞作研究》，前引，頁28.

70 《梁書》，前引，卷54，頁817。並見《南史》，卷79，《嬙嬙傳》，頁1987.

《洛陽伽藍記》，前引，卷5，

71 《通典》前引，卷190，"吐谷渾"，頁

72 《梁書》，前引，卷54，頁810。並見《南

74 沈台蘇等《南史·讌小保》前引,卷13,"劉傳",頁325.

史》，卷79，"河南傳"，頁1978.

73 楊衒之《洛陽伽藍記》,前引,卷5,頁184.

75 《魏書》，前引，卷85，"溫子昇傳"，頁1876.

76 《南史》，前引，卷7，"梁本紀"，大同六年，頁215.

77 MOLÉ，前引，頁XXIX.

78 《南史》，前引，卷79，"夷貊下"，"西戎傳序"，頁1977.

79 《南史》，前引，卷79，"河南傳"，頁1978.

⑧ 《梁書》，卷54，"河南傳"，頁810-1.

⑩ 《南齊書》，卷59，"芮芮傳"，頁1025.

⑧ 《通典》，卷197，"高車"，言武帝致彌
俄突語，頁1067.   此處 (AD 476-499)

⑧ 潘國鍵，《北魏與蠕蠕關係研究》，頁6
，又頁46，註三六.

⑧ 《南史》，卷79，頁1977.

⑧ 《梁書》，卷54，"宕昌國傳"，頁815.

⑧ 《魏書》，卷子上，"高祖記" 頁140.

⑧ 胡明煚，《禹貢錐指》，輯於《皇清經解
續篇》，學海堂本，出版年比缺，卷37，頁3

⑧ 釋玄奘，《大唐西域記》，台灣廣文書局
1969年版，卷1，頁3下。

⑧ 魏徵，《隋書》，卷67，"裴矩傳"，頁
10.

⑧ AALTO, PENTTI, "ON THE MONGOL TRANSLATIONS OF
BUDDHIST TEXTS", 載 RATNAM, PERALA 輯，《STUDIES
IN INDO-ASIAN ART AND CULTURE", 卷1, INTERNATIONAL ACADEMY OF
INDIA CULTURE, 1972, 頁21 - 23.

⑩ 冯承鈞 "中亞新發現的五種語言及其日安保尉遅五姓之圖像", 載其《西域南海史地考證譯叢》,前引,
頁119。

⑨1 姜伯勤同鍵,《北魏與敦煌閥佐研究》,頁
62,註(二四八),引《三十年来中國蒙古史研究
概況》蒙古族来源有東胡、匈奴、突厥、丁零諸説,未有定論。

⑨2 AALTO, PENTTI, " SANSKRIT AND MONGOL LANGUAGE
AND LITERATURE ", 載 RATNAM, PERALH 輯, 《
STUDIES IN INDO-ASIAN ART AND CULTURE 》,
INTERNATIONAL ACADEMY OF INDIA CULTURE, 1973,
頁 1.

20×20＝400

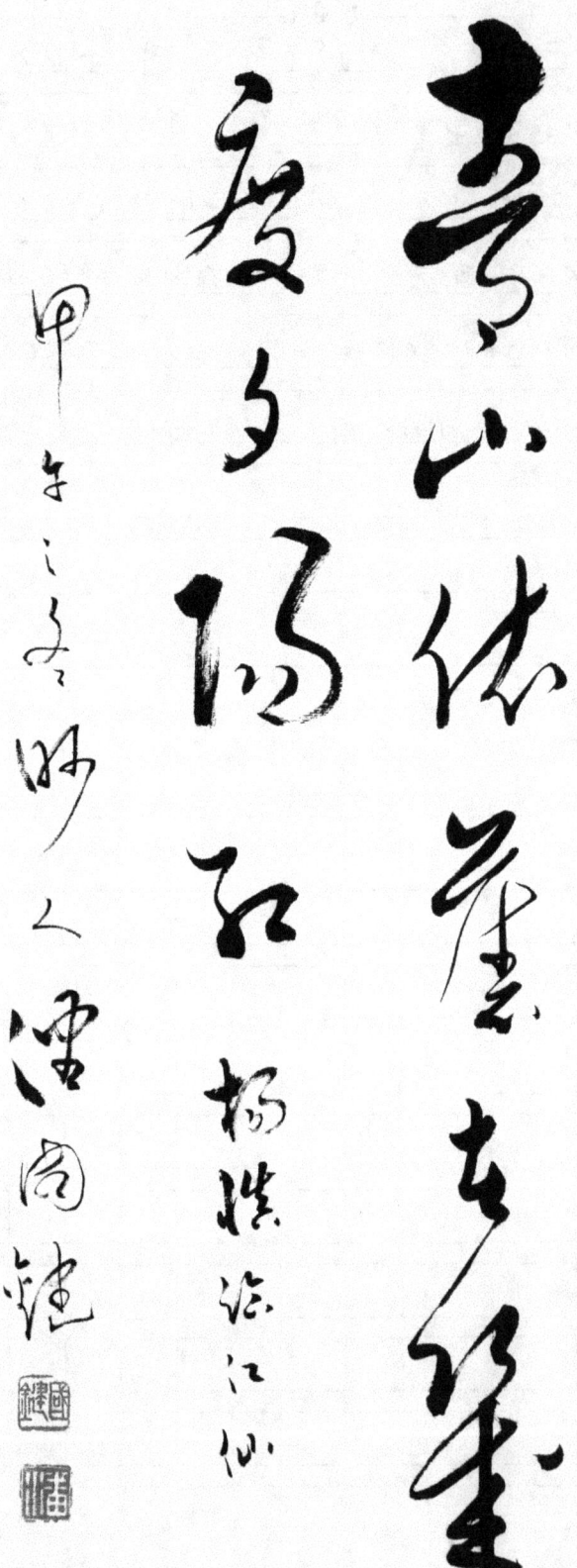

青山依舊在 幾度夕陽紅

甲午之秋明人楊慎臨江仙句

中國史料所載
吐谷渾之成族及其初期歷史
（AD 283-430）

（1993年手稿）

（現藏多倫多大學鄭裕彤東亞圖書館）

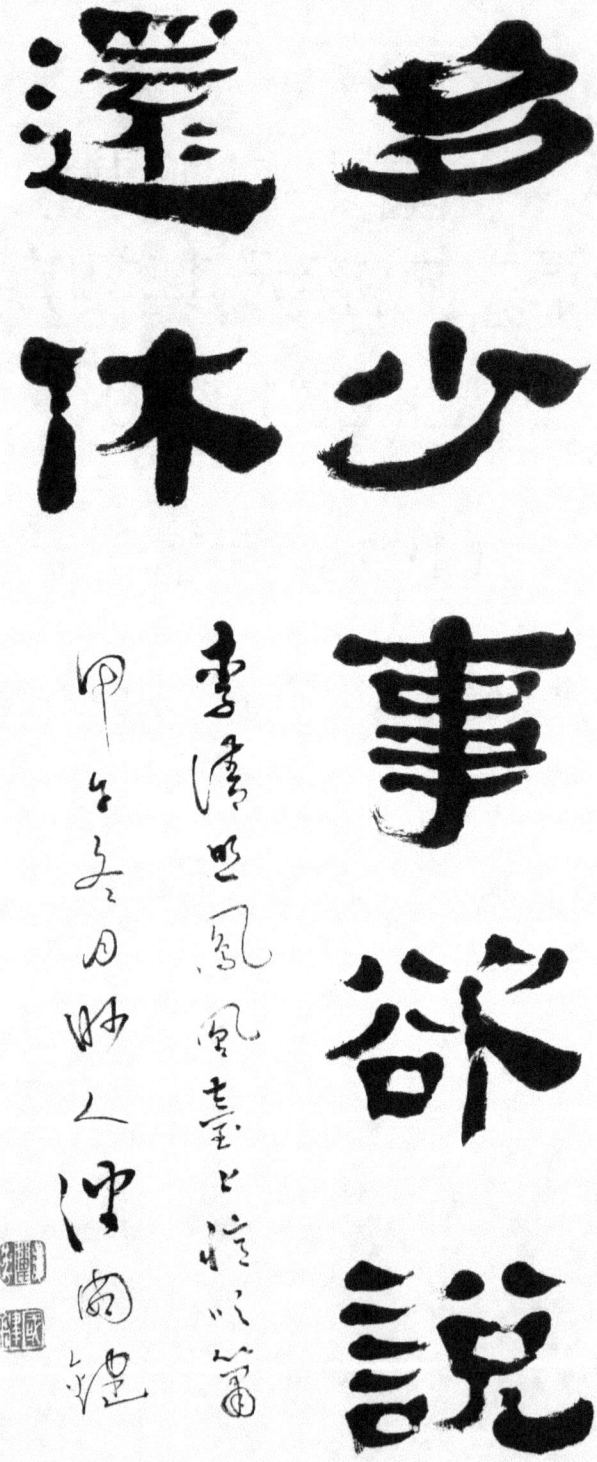

多少事都說

還休

中國史料所載
吐谷渾之成族及其初期歷史（AD 283-430）　　　潘國鍵

（一）吐谷渾與慕容廆

　　公元四世紀初吐谷渾氏族之歷史與鮮卑慕容廆關係密切。今先言慕容廆。

　　三世紀末期，鮮卑徒河涉歸及其子慕容廆，在軍事上據《晉書》所記頗著活躍。晉武帝太康三年（AD 282）安北將軍嚴詢敗慕容廆於昌黎，殺傷數萬人」①。翌年，涉歸卒，其弟刪簒立，「將殺涉歸子廆，廆亡匿於遼東徐郁家」（《通鑑‧胡注》：「戴記曰：廆，字奕洛環。杜佑曰：本名若洛廆。」）②太康六年（AD 285）慕容刪為部下所殺，部眾遂迎立慕容廆，涉歸與宇文部

```
西                                              浴
晉                                              卒
```

廆有隙（胡注：「宇文部亦鮮卑種，……其俗謂天子曰『宇文』，故國號宇文，併以為氏。」）廆請討之，晉廷不許。慕容廆怒「入寇遼西（青），殺畧甚眾」，晉武帝遣幽州軍討之，敗之於肥如（胡注：「肥如縣廆遼西郡。」）。「自是每歲犯邊」，此外廆又東擊扶餘，毀其國城，「驅萬餘人而歸」③。凡此並見《通鑑》、《晉書》，而並言慕容廆種屬鮮卑，而其活動範圍則厚在於遼東一帶，亦即諸鮮卑部族原居地矣。武帝太康十年（AD 289）東部鮮卑段國卒

胡廆浴附晉，同年④

于階以女妻廆。生皝、仁、昭後，廆以遼東避遠

遂「徙居徒河之青山」（《通鑑·胡注》：「

杜佑曰：徒河青山，在營州郡城東百九十里。

」）⑤. 惠帝元康四年（AD 294）廆復又自徒河之青

山「徙居大棘城」（《通鑑·胡注》：「杜佑曰

：棘城……，在營州郡城東南一百七十里。」）

⑥. 此慕容廆移徙之來龍去脈也.

　蓋慕容廆與宇文部之宿怨，尚未了結. 晉惠

帝太安元年（AD 302）宇文單于莫圭遣其弟屈雲

攻廆，廆擊其別帥素怒延，破之，素怒延後

發兵十萬圍廆於棘城，廆出擊破之，「追奔百

里，俘斬萬計」⑦，胡三省謂「史言慕容廆善

用人」⑧。則慕容廆勢力之張大，並非無因。兩五年後

即晉懷帝永嘉元年（AD 307），廆更因乘晉亂，「

自稱鮮卑大單于」⑨。永嘉亂後，廆後乘「中原

兵亂，州師屢敗，遼東荒散，莫之救恤」⑩之機遇

者，佯師牟素鐏連、木津二部。當廆少子慕

容翰明言其父，并吞二部乃「經可以得志於諸侯」

⑪《通鑑》載廆「政事修明，愛重人物，故

士民多歸之」廆舉其英俊，隨才授任」，已顯示

48

裴嶷所謂「慕容廆行仁義，有霸王之志」
⑫而當日慕容廆之招賢納士，班班可考⑬。晉
室南渡，公元三一七年司馬睿即位建康。同月
即拜以大都督慕容廆「都督遼左雜夷流人
諸軍事、龍驤將軍、大單于、昌黎公」⑭，
已證廆之努力，有相當成績。而是年亦為吐谷渾族元祖吐谷渾
氏之卒年，吐谷渾族故事於是展開。筆者於此
誌慕容廆事者，乃欲證：

　　(1) 吐谷渾本出鮮卑，蓋其兄慕容廆為鮮
　　　　卑種也；

　　(2) 吐谷渾與慕容廆之決裂，與慕容廆之治
　　　　國能力與用人器量，絕無關連。

吐谷渾乃鮮卑種，拙別文有載原入之析論，今
不贅。惟吐谷渾與慕容廆之反目，史言乃因「
二部馬鬥」，而廆遣使責讓於吐谷渾，筆者疑
此責讓因耳，非主因也。蓋馬鬥相鬥，本屬小
事，而以廆器量，未必深究。即有微言，亦隨
即悔之，遣乙那婁馮追謝。是則吐谷渾之西走
，殊非出於二部馬鬥之一時之忿，要者恐乃與

其父洛歸死後叔父慕之其後部族又迎立慕容廆而非廆兄
等錯綜複雜之權力繼承問題之鬥爭相關。從史
典記載所見，洛歸在生時吐谷渾慕容廆己別
為一部。當日草原民族之權位繼承，據筆者研
究嫋嫋部族及吐谷渾其後之歷史發展所得，嫡
長繼承絕非定制。慕容廆雖為嫡子，
直熱吐谷渾既年長於廆，又自襄一部，則廆之
得位而　　　　　引發吐谷渾之失意尊使兄弟不
和，此實顯浮易見。　　史言二部為鬥，廆
讓吐谷渾曰：「先公分建有別，奈何不相遠異

，而令馬有鬥傷。」此「分建有別」，「奈何不
相遠異」之晦氣話，實露二者久存心病之端倪
。而吐谷渾反言：「我尊子也，理無至大，今
因馬而別，殆天意乎！」其所謂「尊」，所謂「理無至
大」，所謂「天意」，正示吐谷渾不為部族所立
之抑鬱語。是則吐谷渾之西走，厚與馬鬥及廆
之賢愚無甚關係。廆愛材若渴，為吐谷渾作「阿干
之歌」。惜者一山不能藏二虎，吐谷渾之別成
一族，果系天意！

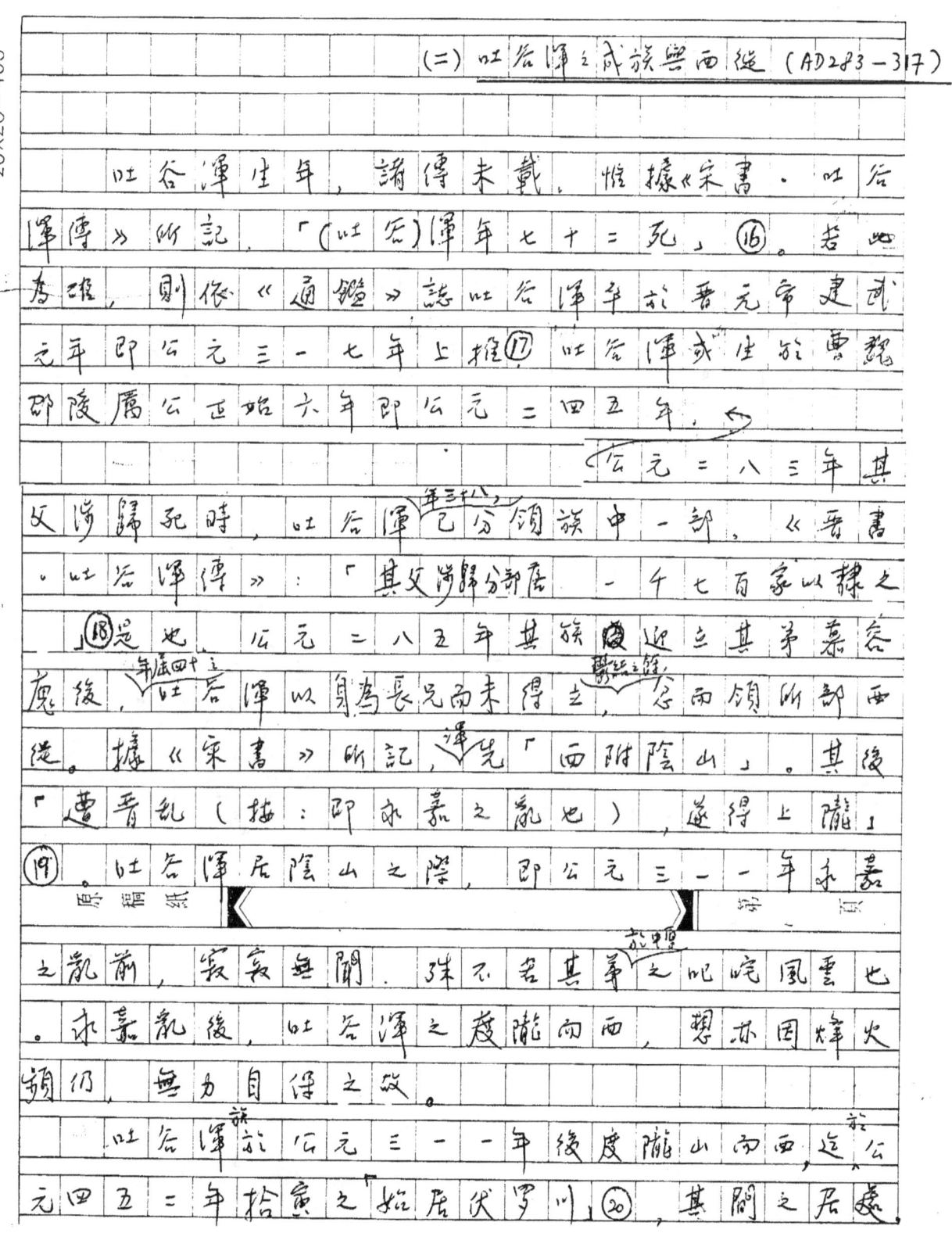

（二）吐谷渾之成族與西徙（AD283-317）

吐谷渾生年，諸傳未載。惟據《宋書·吐谷渾傳》所記，「（吐谷）渾年七十二死」⑯。若此為準，則依《通鑑》誌吐谷渾卒於晉元帝建武元年即公元三一七年上推⑰吐谷渾或生於曹魏邵陵厲公正始六年即公元二四五年。

公元二八三年其父涉歸死時（年三十八），吐谷渾已分領族中一部，《晉書·吐谷渾傳》：「其父涉歸分部落一千七百家以隸之」⑱是也。公元二八五年其族（年四十）迎立其弟慕容廆（聯結之推）後，吐谷渾以身為長兄而未得之，忿而領所部西徙。據《宋書》所記渾兄「西附陰山」。其後「遭晉亂（按：即永嘉之亂也），遂得上隴」⑲。吐谷渾居陰山之際，即公元三一一年永嘉

之亂前，寂寂無聞。殊不若其華之呲晚風雲也。永嘉亂後，吐谷渾之度隴而西，想亦因烽火頻仍，無力自得之故。

吐谷渾族於公元三一一年後度隴山而西，迄公元四五二年拾寅之「始居伏羅川」⑳，其間之居處，

諸說不一。前據《晉書·吐谷渾傳》記吐谷渾
西走時：

　　「於是乃西附陰山。屬永嘉之亂，始度
　　隴而西，其後子孫據有西零已西甘松
　　之界，極乎白蘭數千里。」㉑

則吐谷渾族於永嘉亂前實居陰山附近，永嘉亂
後始度隴而西。成書早於《晉書》之《宋書》
亦記云：

　　「(吐谷渾西走) 於是遂西附陰山，遭
　　晉亂，遂得上隴。……渾阻上隴，出罕

　　开，西零。西零今之西平郡，罕开
　　，今枹罕縣。自枹罕以東千餘里，暨
　　甘松，西至河南，南界昂城、龍涸。
　　自洮水西南，極白蘭，數千里中，逐
　　水草，廬帳居，以肉酪為糧。」㉒

魏收《魏書》亦謂吐谷渾西走

　　「於是遂西附陰山，後假道上隴。……
　　吐谷渾遂徙上隴，止於枹罕暨甘松，
　　南界昂城、龍涸，逾洮水西南極白蘭
　　數千里中，逐水草，廬帳而居，以肉

酷為檀。」㉓

是知記吐谷渾西走之初期史料，均指吐谷渾族初居附陰山。惟唐人著書，除晉書之外，又別有一說，謂吐谷渾西走時即度隴而西也。撿姚思廉《梁書》貳：

　　「魔詞位，吐谷渾避之西徙，……因遂西上隴，度枹罕，出涼州西南，至赤水而居之。」㉔

又令狐德棻之《周書》亦謂：

　　「吐谷渾馬與慕馬鬥而慕馬傷，魔遂讓之，吐谷渾怒率其部落去之，止于枹罕，自為君長。」㉕

又魏徵《隋書》亦云：

　　「吐谷渾與若洛魔不協，遂西度隴，止于甘松之南，洮水之西，南極白蘭山數千里之地。」㉖

此三條資料，均畧去吐谷渾附居陰山事，而由其產生之問題，至少有二：(1)公元二八五年吐谷渾之西走，是前赴陰山抑直接度隴而西？(2)吐谷渾度隴之後，是止居於枹罕抑僅路經枹罕

而寶止居於甘松、赤水？

　　吐谷渾之嘗居陰山附近，成書較早之《梁書》、《魏書》既有明氣，其後之《晉書》、《此史》《通典》、《通鑑》均來是說㉗，理甚可信。

　　是則吐谷渾之在青海立國，其事亦必在永嘉之亂後（公元三一一年），而不在其前也。

　　至於吐谷渾是曾止於枹罕建，則不僅《周書》作如是說，此外尚有李延壽之《北史》。《北史·吐谷渾傳》記云：

　　「（吐谷渾而至）於是遂西附陰山，後

　　假道上隴。....吐谷渾遂從上隴，止於枹罕。自枹罕暨甘松，南界昴城，龍洞，從洮水西南極白蘭，數千里中，逐水草，廬帳而居，以肉酪為糧。」㉘

惟通李延壽於《南史》文別謂吐谷渾「西從上隴，凌枹罕，出涼州西南，至赤水而居之」㉙，不認吐谷渾嘗居枹罕事，頗異於《北史》，若據政史料折之，止於枹罕一說實出魏收，而凌枹罕之說則沿自沈約。何者為是，今尚未有正於

資料判斷[四]。要者，當日度隴而西之吐谷渾治
躍於枹罕、赤水一帶。而草原民族逐水草而居
，固無一定之居所。其或此枹罕，或彼赤水，
總因時而異，固難一概而論。惟司馬溫公取《宋書
》、《梁書》、《南史》之說而棄《魏書》、
《北史》，蓋以南朝之所記為正歟[31]？

杜佑《通典》
兩《說書》
之注，謂吐
谷渾度隴西
王於枹罕，而
「徙有甘松南
洮水之西南極
枹罕」，則及
「而後子孫四
事。

(三) 吐延為羌酋所刺殺而走白蘭（AD 317-329）

　　公元三一七年吐谷渾卒，長子吐延嗣位○32。史稱「吐延身長七尺八寸，勇力過人，性剛暴」，結果為「昂城羌酋姜聰所刺」○33。吐谷渾世其族微未張大，逮其子吐延時，從所發史料所見，始與羌人發生衝突。吐延之為姜聰所刺，顯證四世紀前吐谷渾居地與羌人關係密切，而是時吐谷渾之勢力猶未足以完全控制諸羌。吐延二十二歲嗣位○34。勇力過人。本負其雄

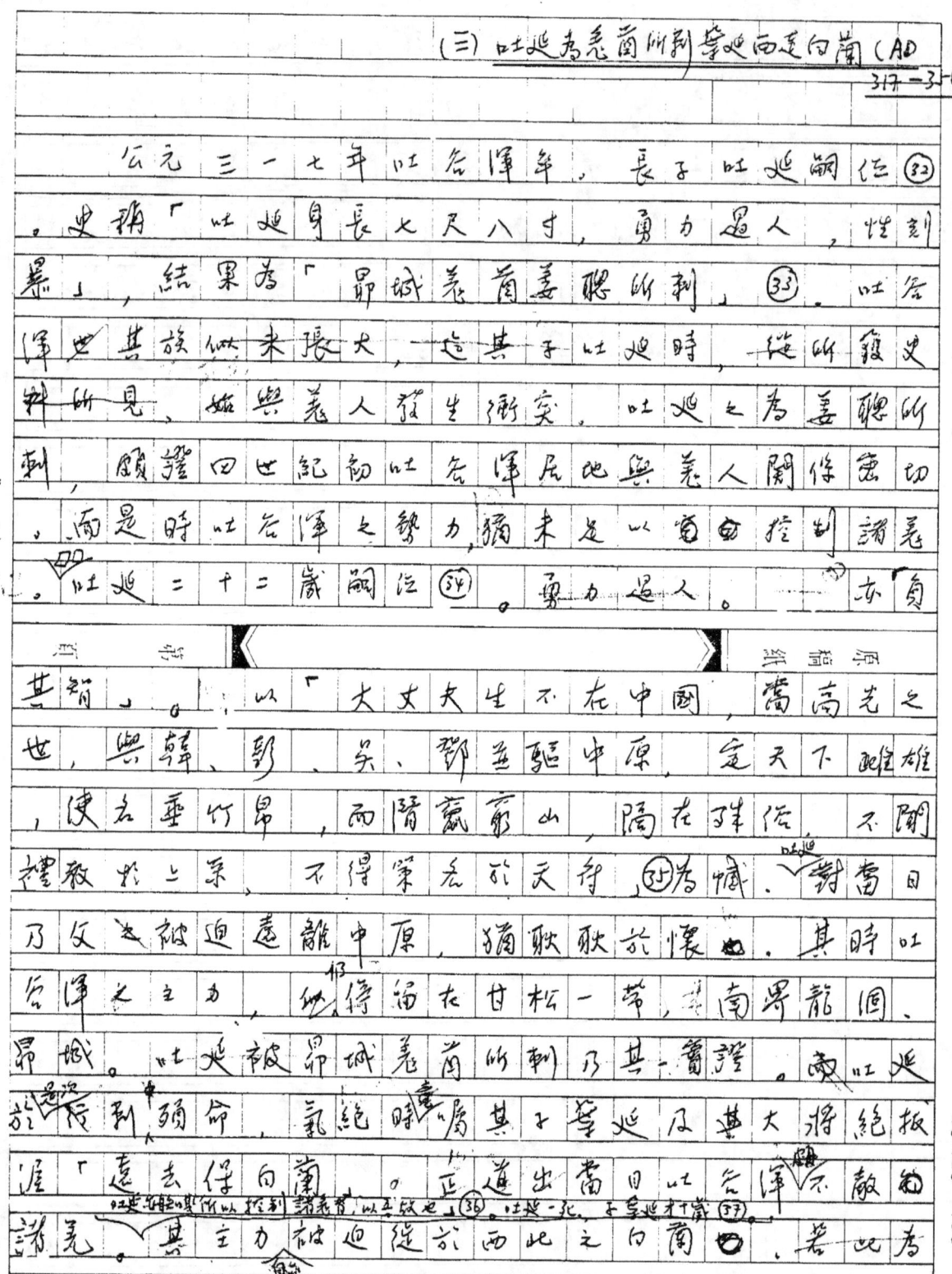

才，以「大丈夫生不在中國，當高光之世，與韓、彭、吳、鄧並驅中原，定天下雌雄，使奉璽竹帛，而隱巍冢山，隔在殊俗，不聞禮教於上京，不得策名於天府○35為憾」。對曰乃父之被迫遠離中原，猶耿耿於懷。其時吐谷渾之主力，猶得居在甘松一帶，南界龍涸昂城。吐延被昂城羌酋所刺乃其一實證。而吐延於臨刺殞命，氣絕時屬其子葉延及其大將絕拔遲「遠去保白蘭」。正道出當日吐谷渾不敢（與）諸羌，其主力被迫遷徙於西北之白蘭也。

吐延被羌的所以控制諸羌酋以弱故也○36。吐延一北主葉延才十歲○37。若此為

實。則吐谷渾族之西徙曰蘭佑動於赤水一
帶，當為吐延嗣位十三年後被刺時即公元三二九
年以後之事也㊳　　《梁書》《南史》之「吐
谷渾傳謂吐谷渾「出涼州西南，至赤水而居之
」，恐乃指此。

公元三二九年吐延遇刺死後，子葉延繼之
大將絕拔渾罷之「地既崎嶇又土佐懦弱，易為控御」謂之
西走白蘭㊵，而其時之主力，當在白蘭北之赤
水。筆者相信，由葉延迄公元四五二年拾寅之
始居伏羅川即吐谷渾城，一百二十年間吐谷渾
之勢力仍以赤水為重心。此當在下文述及諸闔吐谷
渾南圖的幾場重要戰役之戰鬥比照後得證明也

葉延生於公元三一九年，公元三二九年以
十歲沖齡嗣位。史稱葉延「少而勇果」，「性至
孝」，父仇竟報，猶「縛草為人，號曰姜聰，
每日瓢射之」。「母病，三日不能食，葉延亦
不食」㊶。葉延「長而沈毅，好問天地造化，
詩書年曆」㊷，心存聖人上制之志，嘗曰：「禮云
公孫之子得以王父字為氏，言祖始自昌黎，先
宅於此。今以吐谷渾者氏，尊祖之義也。」㊸

20X20=400

吐谷渾之以「吐谷渾」為族姓、國號，實始於此㊺。而吐谷渾於白蘭一帶歷葉延在位二十餘年之苦心經營（休養生息、勵精圖治），亦漸始稍具規模矣。

(四) 碎奚、視連之重情義、染華風（AD 351-390）

公元三五一年，葉延卒，年三十三。長子碎奚（晉書作「辟奚」）立，年十七。史稱碎奚「性純謹」，但由於其三弟專權，「碎奚不能制，諸大將共誅之」㊻。當日主謀殺事者乃是輔長史鍾惡地。三弟伏誅後，素友愛三弟之碎奚竟「怳惚成疾」，嘗謂其世子視連曰：「吾禍滅同生，何以見之於地下！

原稿紙　　第　頁

」㊼此經常發生於草原部族之奪權爭位間根相殘，竟是令品性純謹之碎奚憂傷一世。史言「碎奚憂哀不復攝事，遂立子視連為世子，委之事，號曰『莫賀郎』。『莫賀』，宋言

原稿紙　　第　頁

父也」㊽。20 此外，碎奚亦通苻堅，嘗「遣使獻馬五十匹，金銀五百斤」，堅拜之為安遠將軍、漒川侯㊾。碎奚在位二十五年（於公元三七六年），以憂死」。年四十二。世子視連以父憂卒，亦「不遊娛，不酣宴」㊿。

公元三九〇年，視連遣使金城王乾歸，乾歸許視連為沙州牧、白蘭王回。同年，視連卒，年四十二，在位十五年。據視連當生於三四八年即晉穆帝永和四年，嗣位時二十八歲，而嗣位前已掌國政。

公元三九〇年視連卒後，長子視熊立，少子為馬錁誤（一名大孩）。

辭羹。視連在位期間，吐谷渾頗已華化。其長官有長史、司馬、博士，頗同中國。其思想亦漸漸以周孔之道為依歸。乘處之摭禮之姓，辭羹屢感於「禍戚同生」，長史鍾惡地之所謂「經國者，德禮也；濟世者，刑法也」，「仁孝發於天然，猶宜憲章周孔」，視連「綱維刑禮，付之將來」，其子視羆言「先王以仁寧世，不任威刑」，均證吐谷渾統治階層之漸染華風，頗重教化。然儒道可以治國安邦，未足以抗外侮。故繼視羆在位，政策一變，以先王治術「剛柔廉斷，取輕鄰敵」，因而一轉而為「秣馬厲兵」，意欲「爭衡中國」矣。

(五) 視羆與西秦結怨 (AD.390-400)

(《宋書》記視羆享年四十三歲)

視羆生於公元三六七年[53]。公元三九〇年年二十三繼位，「性英果，有雄略」，壹欲「爭衡中國」，因而「練馬厲兵」。西助之者有博士金城人宋邕[54]。由是「虛襟接納，眾赴如歸」[55]。當其即位時，西秦王乞伏乾歸遣使拜之為「使持節、都督龍涸己西諸軍事、沙州牧、白蘭王」。

割「控弦之士三萬」[56]而又

心懷異志之視羆竟不惟不受，且籍機調弄乞伏乾歸一番，謂其「私相假署，擬儕羣山」[57]。當日乾歸為此「大怒」，然「憚其強」[58]，未敢即時兵戎相見。此證吐谷渾於視羆世時勢力

顯大，惟視羆之年少氣盛，「為後乞伏乾歸代吐谷渾張本」[59]。

公元三九八年，西秦王乞伏乾歸遣秦州牧益州武衛將軍慕兀、冠軍將軍翟瑥帥騎二萬伐吐谷渾[60]。乞伏益州與吐谷渾王視羆戰於度周川（《通鑑》胡注，度周川在臨洮羌外龍涸之西）。結果視羆大敗，走保白蘭山，遣子宕豈質於西秦以請和」[61]。乾歸軟硬兼施，妻之以「宗女」[62]，然未有證據顯示視羆因而歸順西秦。

(六) 烏紇提為西秦所敗，樹洛干由赤水遷慕賀川 (AD400.-417)

公元四〇〇年，視熊卒。子樹洛干九歲[超八]，弟烏紇提立⑥③。烏紇提卒於公元四〇五年。而諸史載[母]烏紇提立八年而死，則公元三九八年視還為乞伏益州擊敗後，權力似已轉其弟[孫]烏紇提之手⑥④。烏紇提一名大孩，「性懦弱，耽湎淫色，不恤國事」。樹洛干母念氏即視熊妻「聰惠有姿色」，烏紇提妻之[媳]「有寵，遂專國事」⑥⑤。生二子慕璝、慕利延⑥⑥。樹洛干之與慕璝、慕利延實異父而同母。念氏專制，《通鑑》稱其「有膽智，國人畏服之」⑥⑦。

烏紇提與西秦乞伏乾歸開係惡化。史稱「乞伏乾歸之入長安也，烏紇提屢抄其境」。公元四〇五年，「乾歸密率騎討之」。是役也，「烏紇提大敗，士失萬餘口，保於南涼，遂卒於胡園」⑥⑧，在位六年，年三十五。

烏紇提死後，視熊子樹洛干繼立。樹洛干九歲而孤，母念氏改嫁烏紇提。嗣位時年僅十六歲⑥⑨。公元四〇五年之役，吐谷渾傷亡慘重。新嗣位之樹洛干為形勢所迫，「率所部數千家奔歸莫何川」⑦⓪。莫何川當即慕賀川，在赤水

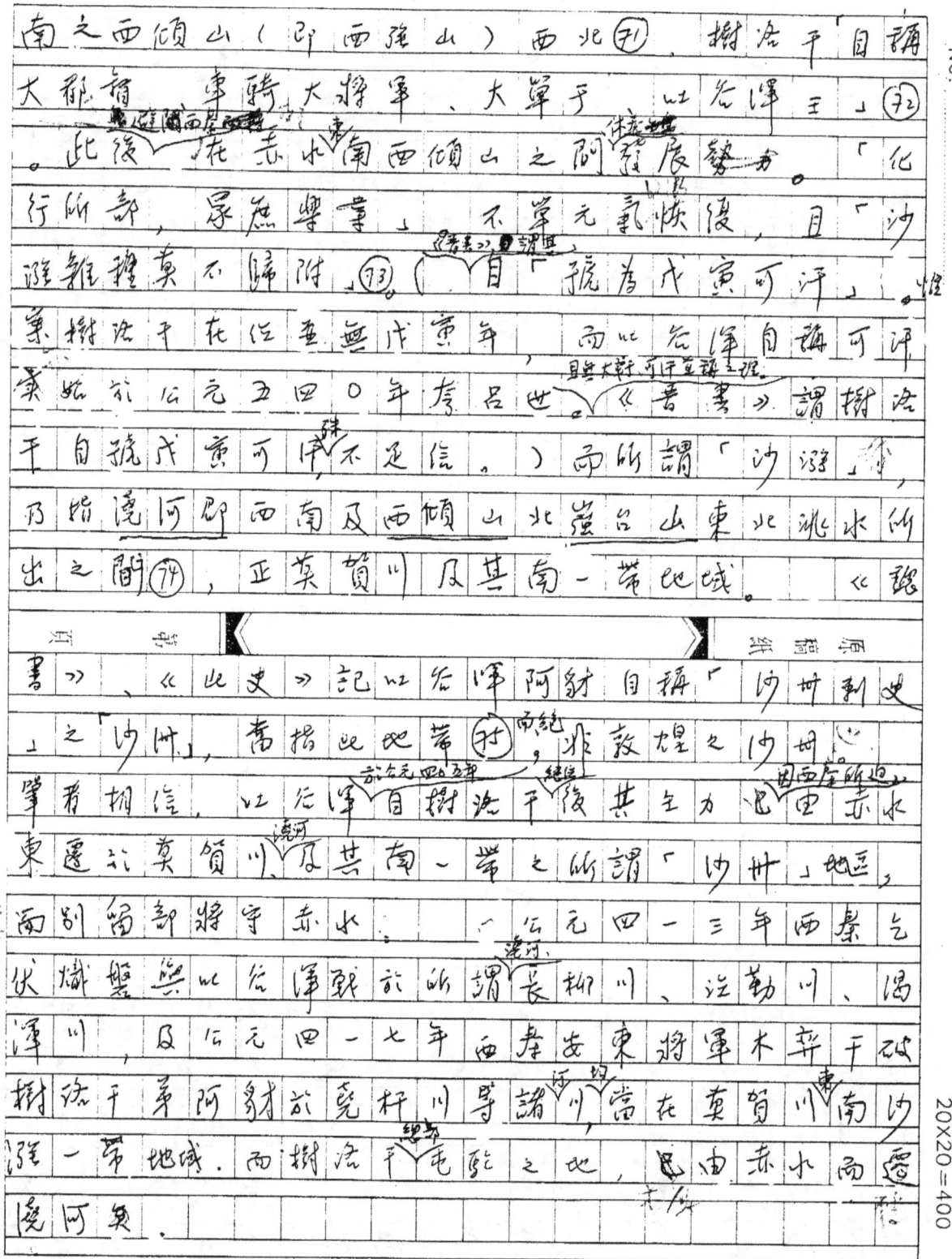

南之西傾山（即西強山）西北[71]，樹洛干「自稱

大都督、車騎大將軍、大單于、吐谷渾王」[72]

。此後在赤水南西傾山之間發展勢力，「化

行所部，眾庶樂業」，不意元氣恢復，且「沙

遊雜種靡不歸附」[73]（「遊」疑為「戊寅可汗」，

案樹洛干在位並無戊寅年，而吐谷渾自稱可汗

案始於公元540年誇呂世，《晉書》謂樹洛

干自號戊寅可汗，不足信。）而所謂「沙遊」，

乃指洮河即西南及西傾山北巂台山東北洮水所

出之間[74]，正其莫賀川及其南一帶地域。

《晉書》、《北史》記吐谷渾阿豺自稱「沙州刺史

」之「沙州」，當指此地帶[村]，非敦煌之沙州

筆者相信，吐谷渾自樹洛干後其主力已由赤水

東遷於莫賀川及其南一帶之所謂「沙州」地區，

而別留部將守赤水。公元413年西秦乞

伏熾磐與吐谷渾戰於所謂長柳川、泣勤川、渴

渾川，及公元417年西秦左衛東將軍木弈干於赤

樹洛干弟阿豺於堯杆川等諸川，當在莫賀川南沙

漠一帶地域。而樹洛干屯駐之地，已由赤水而遷

邊阿囊。

樹洛干稱雄於沙漠後，勢力頗張，（公元四

一一年，目伐南涼禿髮傉檀，敗其太子武臺[77]

。惜翌年春，西秦（乞伏乾歸之秦）吐谷渾發動大規模攻擊

樹洛干，衆衆失利。公元四一二年二月乞伏乾歸

「率騎二萬討吐谷渾支統阿若干于赤水，大破

降之」[78]（《晉書‧吐谷渾》謂乾歸收樹洛干

於赤水，又謂拜樹洛干為「平狄將軍、赤水郡

護，又以其弟吐護真為撫虜將軍、厲研都尉」[79]

，實誤以阿若干為樹洛干。晉書曰樹洛干不居

屯於赤水，亦未闡樹洛干有弟曰吐護真，且以

書曰樹洛干之身份而言，討之為「都尉」亦甚

不當。）同年乾歸為乞伏公府所殺，長子熾磐

立[80]公元四一三年即義熙九年，熾磐「遣其龍

驤乞伏智達、平東王松壽討吐谷渾樹洛干於沔

阿，大破之，獲其將呼那烏提，虜三千餘戶而

還」。後又「遣安北（將軍）烏地延、冠軍

（將軍）翟紹討吐谷渾別統句旁于渴勤川，大

破之，俘獲甚眾。熾磐率諸將討吐谷渾別統支

旁于長柳川，掘達於渴渾川，皆破之，前後俘

獲男女二萬八千」[81]。其後「握逵師其餘眾降

于熾磐」（囧）。經此數役，樹洛干漸上慘色。公
元四一七年，熾磐又「令其安東（將軍）木奕
于率騎七千討吐谷渾樹洛干于嘉」，破其弟阿
柴於堯扞川，俘獲五千餘口而還」，結果樹洛
于「奔保白蘭山」（囧）「慚憤發病而卒」（囧），而
熾磐聞而大喜，以「此虜矯矯」既喊，而「吾無
患矣」（囧），則樹洛干在位期間之「矯矯」勇武
，不過曇花一現耳。

（七）阿豺、慕璝悉心經營，復佔甘松，由弱轉強 （AD 417-430）

　　吐谷渾之興起為一草原民族武裝力量，始於阿豺世。阿豺乃樹洛干弟（阿豺），同父同母（視羆）（紇），生於公元三九四年至四〇〇年間。公元四一七年樹洛干死後嗣位（阿豺）。卒於公元四二六年即宋文帝元嘉三年（《通鑑》謂阿豺卒於元嘉元年即公元四二四年，「元」當為「三」之譌），在位九年，享壽不超過三十一歲。

　　公元四一七年阿豺即位之初，來自西秦之伏熾磐之攻擊猶未稍歇。公元四一九年，（《書》記熾磐）遣其西將軍乞孔子「封吐谷渾覓地于弱水南，大破之。覓地率眾六千降于熾磐，署為弱水護軍」。（按《通鑑》繫此：「視其出於 卅 月於 記 謗之 廿 依。」：按此役恐為四一七年熾磐伐吐谷渾之其中一役耳事。）然阿豺乃吐谷渾雄主，在位期間已「自號驃騎將軍、沙州刺史」。又「兼并羌氐，地方數千里，號為強國」。阿豺致力擴張勢力，自澆河向東南，復佔吐谷渾甘松地。史謂（阿豺）并羌氐，此羌民當指居於甘松、昂城、龍涸一帶之羌民。似有意報其先祖此處為羌所

此即《宋書》所記「阿豺遣其從子西疆公吐谷
渾敕來泥招士王龍涸、平康」⑨是也。此舉恒
足報其先祖吐延為羌酋姜聰所刺之宿仇，而
其努力之目瓊河西諸山一帶向東展至故也。甘
松，亦即時與南朝宋室相接觸，產生新可勢新關係
。《魏書》記當曰阿豺之西登山，觀墊江
源頭，關於諸臣水名源流，其長史曾和指乃「
經汶地，逕晉壽，出宕渠」之「墊江」，此水
「至巴郡入江，及廣陵會於海」。阿豺遂藉
題發揮，謂「水尚知有歸」，乃遣使遍創羲
符，厳其方物，義符封為澆阿公」⑨。實則阿
豺顧願與其東之劉宋交好，以抵北面接犬之西秦。宋
少帝景平中：即公元四二三年遣使創宋之前，醉
於元四二一阿豺雖已遣使「詐秦」，而西秦之伏
熾磐以之為「安州牧白蘭王」（《通鑑》胡注：
秦蓋以吐谷渾之地為安州。）⑨，惟吐谷渾與西
秦由來結怨甚深，遣使於宋及其後連絡此渾，
均顯具抗西秦之意味也。

　　阿豺世吐谷渾由弱轉強，惜天不假年
，在位未及十年，於宋文帝元嘉三年即公元四

二六年不幸以疾卒，不立其長子緯代，而立其
兄子慕璝。
　　　　　兩韻擴張政策之後繼者　乃慕璝。
　　慕璝者，烏紇提之子。生於公元四〇〇
年至四〇五年間，即烏紇提在任期間。卒年於太
延二年即公元四三六年，享年不越三十五歲。
　　慕璝繼位，　　　　導循阿豺政策，擴展吐谷渾勢力
　招撫「羌渠七葷之人及羌戎雜秦眾至五六百
庶，甸遺罵漢，此文原廿．ㄔㄨㄟ連，部眾轉盛」
（94）。而其中　吐谷渾握逵等帥部眾二萬庶報孝
，奔昴川，附於吐谷渾王慕璝」（96）尤其公元四二
八年熾磐卒後西秦一國政銷亂，對吐谷渾之延展在形勢上最為有利。公元四二八年西
秦乞伏熾磐在位末年，其澆河太守焦嵩已書為
吐谷渾元緒所執（97）。五月，熾磐卒，太子乞伏
暮末繼位。翌年　　此涼阻掌蒙遜與吐谷渾慕璝
聯兵代秦（98）。西秦「政亂」，流民入吐谷渾者彼承暉彼承根
父子自西秦「奔吐谷渾」（99）即曾的公元四二九年慕
璝回遣使於宋（100）．面上宋文奇「請更援章策表
」（101）．面公元四三〇年宋以慕璝（慕容璝）為
「征西將軍沙州刺史」（102）．同年西秦乞伏暮末
故吐「皆入於吐谷渾」（103），標誌著吐谷渾終於
　由「苑川至西平，柏罕」

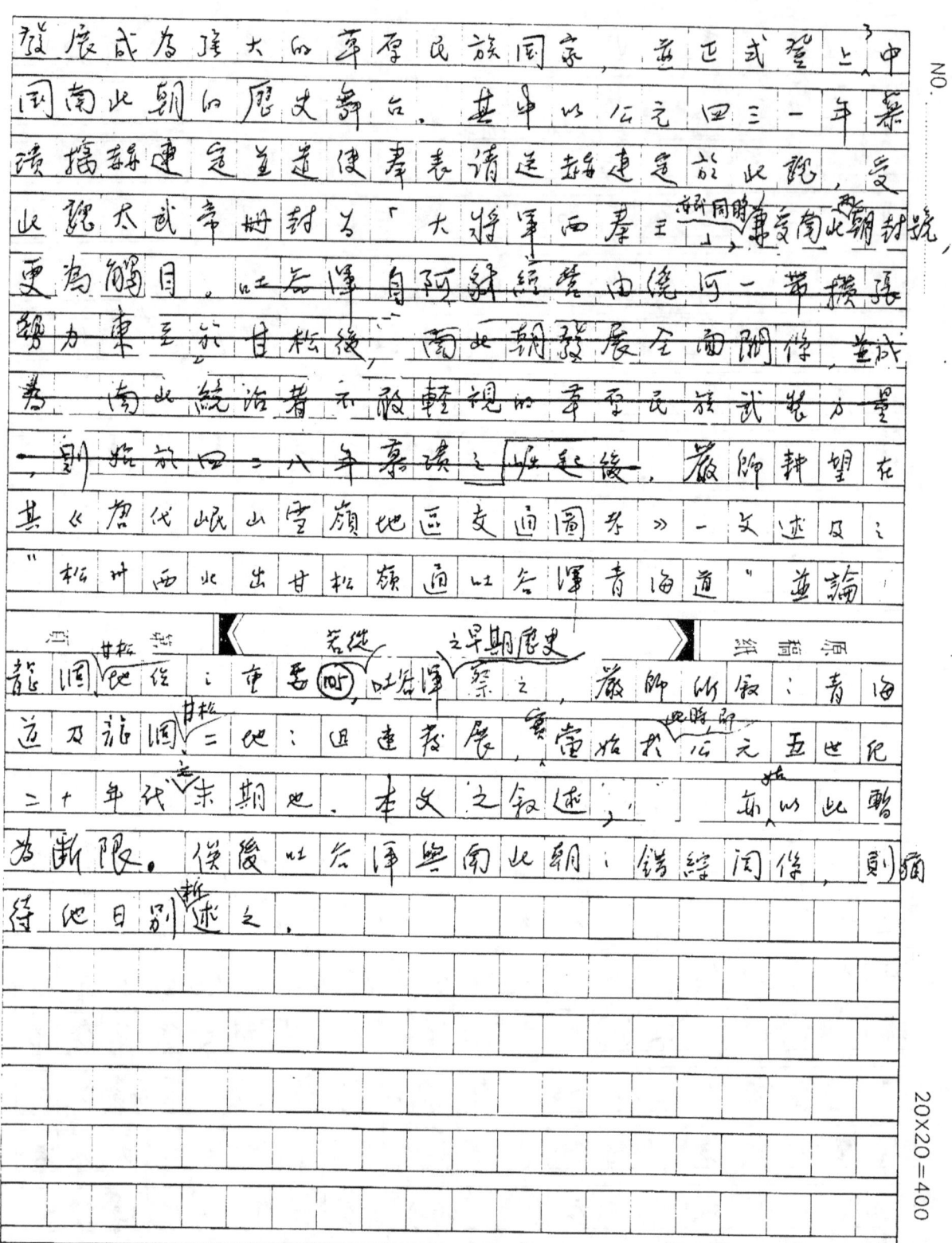

發展成為強大的羌氐民族國家，並正式登上中國南北朝的歷史舞台。其中以公元四三一年慕璝攝辭連定並遣使奉表請送辭連定於此魏，受此魏太武帝冊封為「大將軍西秦王」事受南北朝封號，更為觸目。吐谷渾自阿豺經營甪儉河一帶擴張勢力東至於甘松後，南北朝發展全面關係，並成為南北統治者不敢輕視的羌氐民族武裝力量，劉始於四二八年慕璝之岷延後。嚴師耕望在其《唐代岷山雪嶺地區交通圖考》一文述及之"松州西北出甘松嶺通吐谷渾青海道"並論甘松嶺

龍涸此徑：東至吐谷渾察之，嚴師所叙：青海道及諸涸此地；但遠發展實當始於公元五世紀二十年代末期也。本文之敘述，始以此斷為斷限。僕後吐谷渾與南北朝錯綜關係，則留待他日別述之。

(八)　撮要

本文所述之主要內容乃：

(1) 吐谷渾之西走與公元二八五年後鮮卑慕容部內吐谷渾與慕容廆因繼立而產生之權力門爭有關，絕非僅因「二部馬鬥」。

(2) 吐谷渾於公元二八五年目徙阿青山（在營州附城東方九十里）西走而附於陰山。公元三一一年永嘉亂後再度隴山而西，居枹罕、甘松、昂城、龍涸一帶。

(3) 公元三二九年吐延為羌酋所刺，葉延走保白蘭，始屯居於赤水，正式號曰吐谷渾，並以為姓。經二十年經營而粗具規模。四世紀末視連之世，且染華風。

(4) 公元三九0年視熊與西秦之伏乾歸結怨，種下後數十年吐谷渾與西秦相攻之禍根。

(5) 公元四0五年烏紇提敗於乾歸，七失甚眾。樹洛干被迫徙綜於莫賀川、澆河一帶，於河隴地區發展勢力。

(6) 公元四一七年後吐谷渾在阿豺治下，草并羌民，後甘松、龍洞故地。公元四二六年慕璝繼位後吐谷渾因乘西秦政亂，迅速壯大，並又通劉宋、拓跋魏，並受兩國封號。"青海道"交通史日益發展，而吐谷渾亦正式登上中國南北朝的歷史舞台。

(7) 據史料分析，吐谷渾初期諸在位君主之世系年代可考列如次。

君主	吐谷渾	吐延	葉延	辟奚	視連	視羆	烏紇提	樹洛干	阿豺	慕璝
(父)	(徒河涉歸)	(吐谷渾)	(吐延)	(葉延)	(辟奚)	(視連)	(視連)	(視羆)	(視羆)	(烏紇提)
生卒(年)	245-317	295-329	319-381	334-376	348-390	367(?)-400	370(?)-40(?)	393-417	394-426	401-436
享年	72	35	33	43	43	34(?)	36(?)	25	27(+)	36(+)
在位年代	285-317	317-329	329-351	351-376	376-390	390-400	400-405	405-417	417-426	426-436
在位年數	33	13	23	26	15	11	6	13	10	11

一九九二年定稿，九三年二月修訂舞功。

註　釋

① 《晉書》卷3 "武帝記", 太康洋三月, 頁73.
《通鑑》, 前引, 卷81 晉武帝太康三年
(282) 三月條, 頁2580.
作"鮮虜亂於", 又來克復作秦容渃晦, 即慕容。

② 《通鑑》, 前引, 卷81 晉武帝太康四年
(283) 十一月條, 頁2586, 胡注.

③ 並見《通鑑》卷81 武帝太康六年 (285) 十二月條
, 頁2570. 《晉書》卷108 "慕容廆傳", 頁
2804.

④ 《晉書》卷3 "武帝記", 頁79.

⑤ 《通鑑》卷82 晉武帝太康十年 (289) 九月條
, 頁2594. 又《晉書》卷108 "慕容廆傳",
頁2804.

⑥ 《通鑑》卷82 晉惠帝元康四年 (294), 頁
2614, 《晉書》卷108 "慕容廆傳", 頁2804. "廆以大棘
城即帝顓頊之墟也。"

⑦ 《通鑑》卷84 晉惠帝太安元年 (302) 條, 頁2676
《晉書》卷108 "慕容廆傳", 頁2805.

⑧ 全⑦, 《通鑑》胡注.

⑨ 《通鑑》卷86 晉懷帝永嘉元年 (307) 條,
頁2734. 《晉書》卷108 "慕容廆傳", 頁2805.

⑩ 《晉書》卷108"慕容皝傳",頁2805,諸生慕容廆少子統。又

《通鑑》卷87晉懷帝永嘉五年(311),頁2773,《通鑑》所

「李建」作「李喜建」,「宋軍」作「米丸津」,「中原喪亂,州師屢敗」作「

中原離亂,州師不振」,「終可以得志於諸侯」作「此霸王之基也」。

⑪ 參⑩。

⑫ 《通鑑》卷88,晉愍帝建興元年(313),頁

2797,2798。

⑬ 此可參《通鑑》卷88晉愍帝建興元年(313)

頁2798,2799,2804諸條,不贅。

《晉書》卷108"慕容皝傳",頁2805。又

⑭ 《通鑑》卷90晉元帝建武元年(317)三月條

頁2845,胡注:「遼左,即遼東,流民,

謂中州之民流移入遼東者。」

⑮ 《隋書》,卷83,"吐谷渾傳",頁819。

《宋書》卷96"吐谷渾傳",頁2370;又

⑯ 《晉書》, 卷97 "吐谷渾傳", 頁2448.

⑰ 吐谷渾之卒見《通鑑》卷90晉元帝建武元
年(317)是歲條, 頁2852.

⑱ 見《晉書》卷97 "吐谷渾傳", 頁2537.

又《宋書》卷96《吐谷渾傳》: 「父在時
, 分七百戶與渾。」, 頁2369. 《通鑑》從
《晉書》, 作「分一千七百以隸之」,
見卷90晉元帝建武元年(317)條, 頁2852.

⑲ 《宋書》, 前引, 卷96, 《吐谷渾傳》,
頁2370.

⑳ 《通鑑》, 卷126, 宋文帝元嘉二十九年(452)
九月條, 頁3979.

㉑ 《晉書》, 卷97, "吐谷渾傳", 頁2537.

㉒ 《宋書》, 卷96, "吐谷渾傳", 頁2370.

㉓ 《魏書》, 卷101, "吐谷渾傳", 頁2233-
2234.

㉔ 《梁書》卷54, "諸夷傳", 頁810.

㉕ 《周書》卷50, "吐谷渾傳", 頁4上.

㉖ 《隋書》卷83, "吐谷渾傳", 頁919.

㉗ 《通典》吐谷渾,見卷190, "邊防六", "西戎二".

㉘ 《北史》卷96 "吐谷渾傳", 頁5下.

㉙ 《南史》卷79 "河南王傳", 頁1977.

㉚ 《通典》卷190, "邊防六", 頁

㉛ 《通鑑》卷90晉元帝建武元年(317)是歲條 不記起年, 見頁2852.

㉜ 《晉書》卷97, "吐谷渾傳": 「吐谷渾……年七十二年, 有子六十人, 長曰吐延, 嗣。」, 頁2538. 並見《宋書》卷96, "吐谷渾傳", 頁2370.

㉝ 《宋書》, 卷96, "吐谷渾傳" 頁2370.

㉞ 《宋書》卷96, "吐谷渾傳", 記吐延死年三十五, 嗣位十三年, 頁2370.

㉟ 《晉書》, 卷97 "吐谷渾傳", 頁2538.

㊱ 《宋書》卷96, "吐谷渾傳", 吐延為姜聰所刺, 「拔劍而死, 嗣位十三年, 年三十五」, 頁2370.

㊱ 《晉書》, 卷97, "吐谷渾傳", 頁2538.

㊲ 《晉書》, 卷97, "吐谷渾傳", 頁2538.

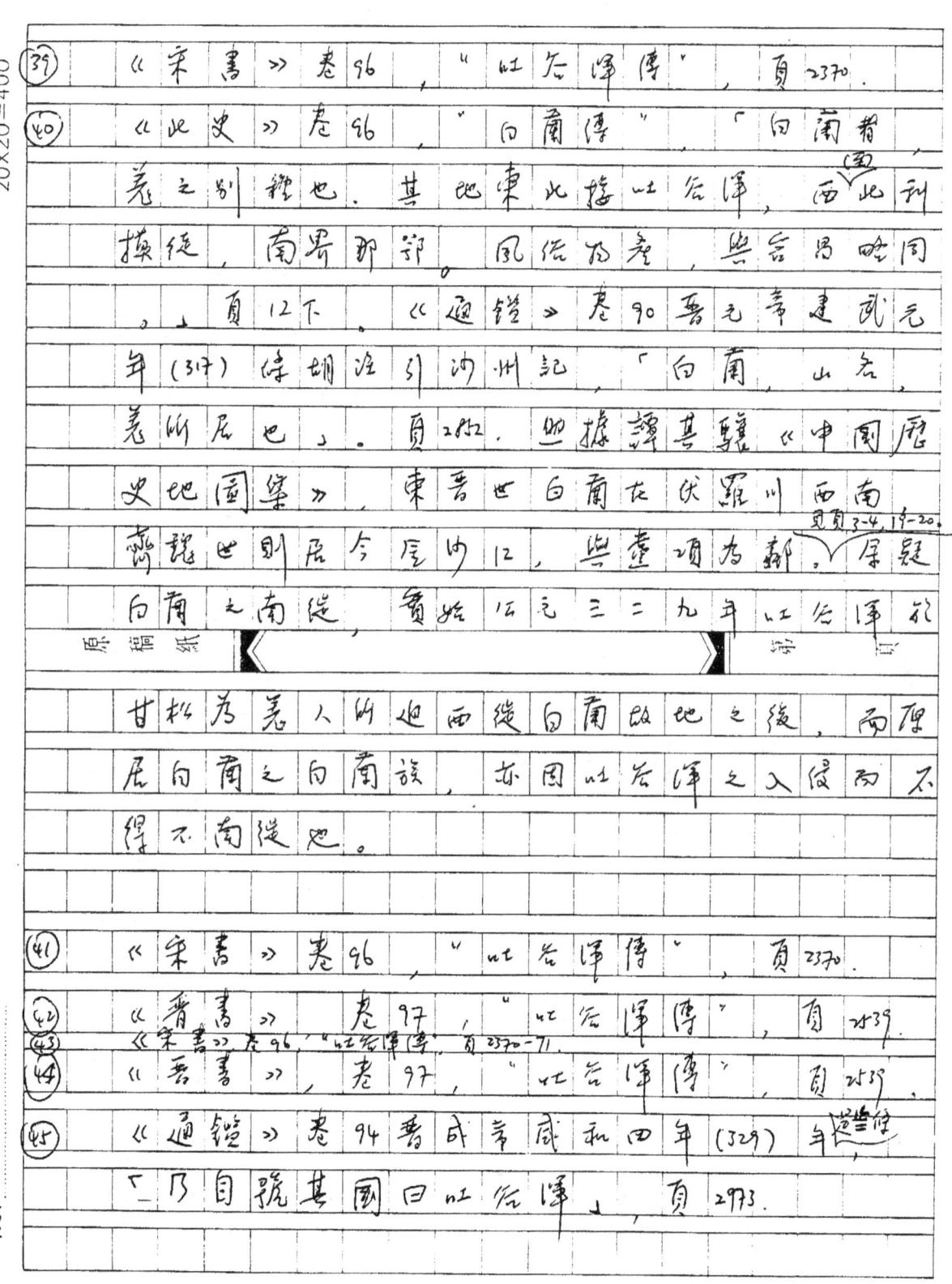

㊴　《宋書》卷96，"吐谷渾傳"，頁2370.

㊵　《北史》卷96，"白蘭傳"，「白蘭者羌之別種也。其地東北接吐谷渾，西北利摸徙，南界那鄒，風俗為羌，與宕昌同」，頁12下。《通鑑》卷90晉元帝建武元年(317)條胡注引沙州記，「白蘭，山名，羌所居也」，頁2832。而據譚其驤《中國歷史地圖集》，東晉世白蘭在伏羅川西南齊鑣世則居今氐州12，與宕項為鄰。頁3-4, 19-20。屈疑白蘭之南徙，實始於元三二九年吐谷渾於甘松為羌人所迫西徙白蘭故地之後，而原居白蘭之白蘭該，亦因吐谷渾之入侵而不得不南徙也。

㊶　《宋書》卷96，"吐谷渾傳"，頁2370.

㊷　《晉書》卷97，"吐谷渾傳"，頁2439

㊸　《宋書》卷96，"吐谷渾傳"，頁2370-71

㊹　《晉書》卷97，"吐谷渾傳"，頁2537

㊺　《通鑑》卷94晉成帝咸和四年(329)條，「乃自號其國曰吐谷渾」，頁2973.

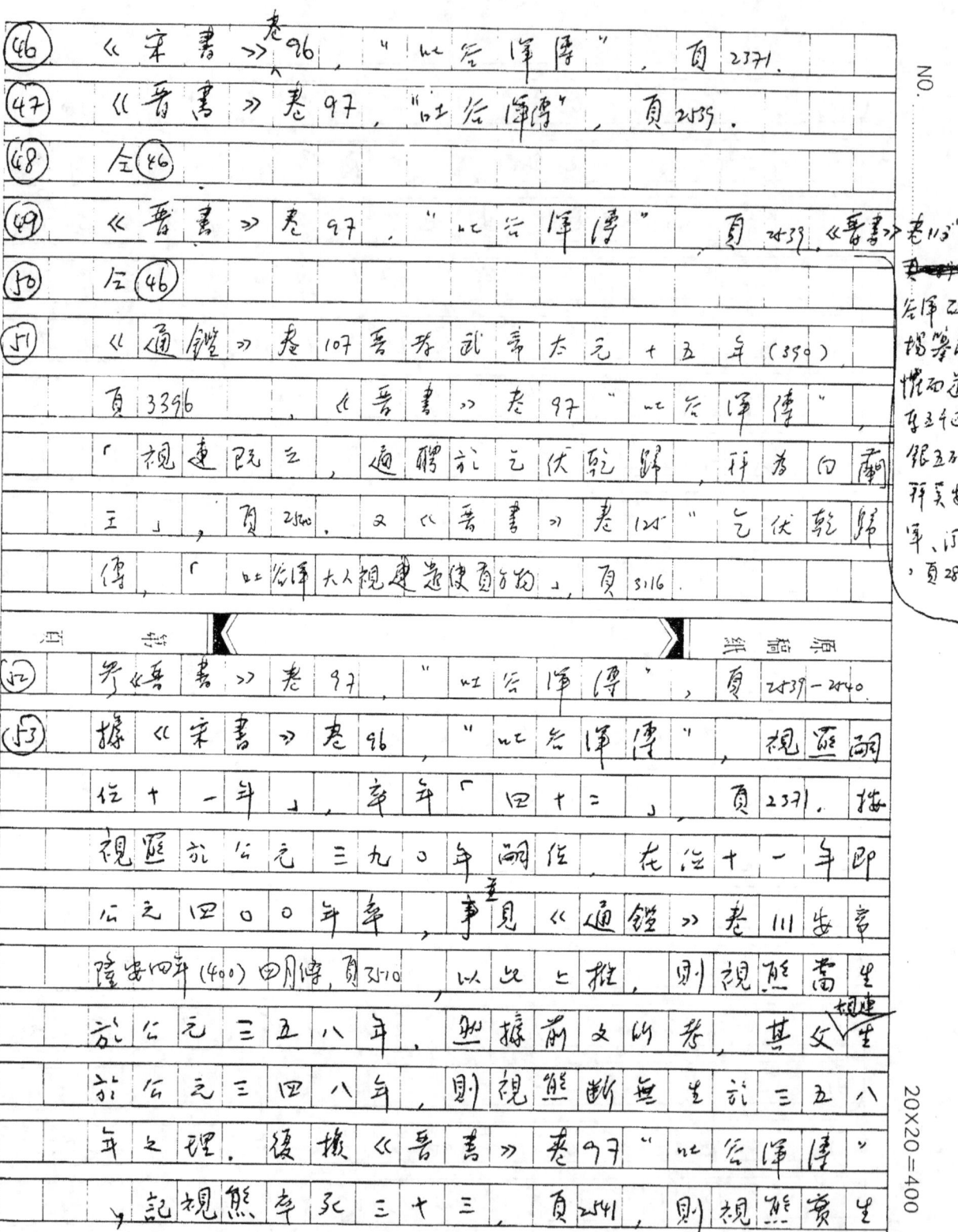

㊻　《宋書》卷96，"吐谷渾傳"，頁2371.

㊼　《晉書》卷97，"吐谷渾傳"，頁2539.

㊽　仝㊻

㊾　《晉書》卷97，"吐谷渾傳"，頁2539. 《晉書》卷113苻堅載記「吐谷渾碎奚」揭等既降，惶而遣使返其所征，金銀五千斤，此拜奚為建威將軍、洮陽侯，頁2894

㊿　仝㊻

(51)　《通鑑》卷107晉孝武帝太元十五年(390) 頁3396，《晉書》卷97"吐谷渾傳"「視連既立，遂聘於乙伏乾歸，拜為白蘭王」，頁2540. 又《晉書》卷125"乞伏乾歸傳"「吐谷渾大人視連遣使貢方物」，頁3116.

(52)　《晉書》卷97，"吐谷渾傳"，頁2539-2540.

(53)　據《宋書》卷96，"吐谷渾傳"，視羆嗣位十一年，卒年「四十二」，頁2371. 據視羆於公元三九○年嗣位，在位十一年即公元四○○年卒，事見《通鑑》卷川安帝隆安四年(400)四月條，頁3510. 以此上推，則視羆當生於公元三五八年，然據前文所考，其父視連生於公元三四八年，則視羆斷無生於三五八年之理. 復據《晉書》卷97"吐谷渾傳"，記視羆卒死三十三，頁2541，則視羆當生

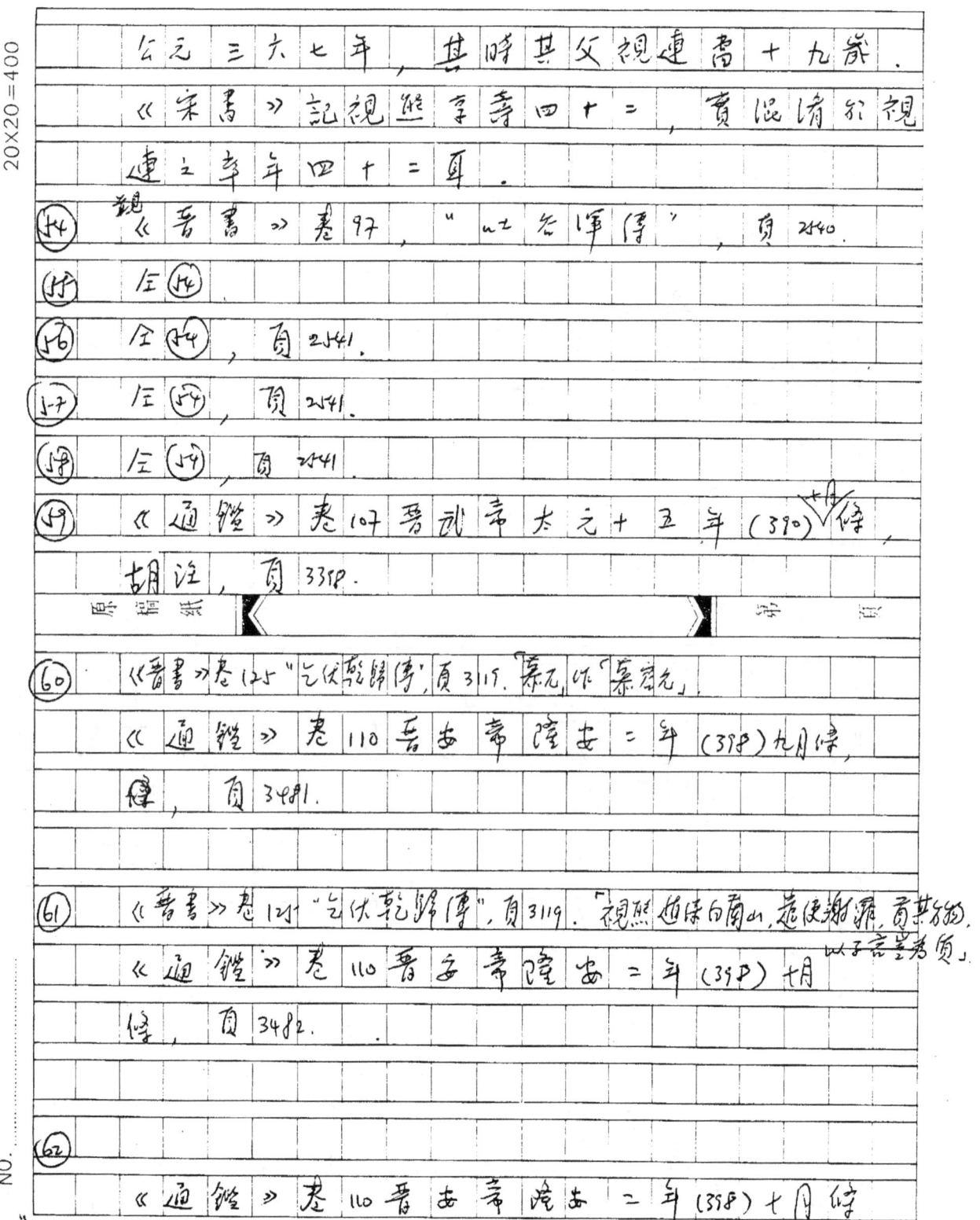

公元三六七年，其時其父視連當十九歲。

《宋書》記視熊享壽四十二，責混濟於視

連立率年四十二耳。

(54) 《晉書》卷97，"吐谷渾傳"，頁2540.

�54 全�54

(56) 全�54，頁2541.

(57) 全�54，頁2541.

(58) 全�57，頁2541.

(59) 《通鑑》卷107晉武帝太元十五年（390）條胡注，頁3358.

㊿60 《晉書》卷125 "乞伏乾歸傳"，頁3119. 葉延作"葉兒".

《通鑑》卷110晉安帝隆安二年（398）九月條，

頁3481.

㊿61 《晉書》卷125 "乞伏乾歸傳"，頁3119. "視熊遊牧白蘭山，遠使謝罪，貢其方物，以子宣豈為質".

《通鑑》卷110晉安帝隆安二年（398）十月

條，頁3482.

㊿62

《通鑑》卷110晉安帝隆安二年（398）十月條

頁3482.

(63) 《宋書》卷96，"吐谷渾傳"　頁2371.　又
《通鑑》卷川晉安帝隆安四年（400）明修，
頁3510.

(64) 《宋書》卷96 "吐谷渾傳"，《晉書》卷97 "吐谷渾傳"，均記烏紇堤在位八年.
各見頁2371、頁2441

(65) 《晉書》卷97 "吐谷渾傳"，頁2441.

(66) 見《北史》卷96 "吐谷渾傳"，頁6上.

(67) 《通鑑》卷川晉安帝隆安四年（400）明修
頁3510.

(68) 《晉書》卷97 "吐谷渾傳"，頁2441.

(69) 《晉書》卷97 "吐谷渾傳"，頁2441 以同傳視樹洛
在位大年計之，則此
床十二敖
十三諸.

(70) 《晉書》卷97 "吐谷渾傳"，頁2441

(71) 見譚其驤編，《中國歷史地圖集》，冊四
，頁13-14　中國地圖出版社，1989二版.

(72) 《晉書》卷97 "吐谷渾傳"，頁2441.

(73) 《晉書》卷97 "吐谷渾傳"，頁2441.

(74)《通鑑》卷114晉安帝義熙元年（405）正月條，胡注，「段國曰：澆河郡西南一百七十里有黃沙，南北一百二十里，東西七十里，西極大楊川，望之若人委乾糒於地，不生草木，蕩然黃沙，周迴數百里。洮水出強台山東北，逕吐谷渾中。自洮、強南北三百里中，地草皆是龍鬚，而無樵柴，謂之強川。」，頁3580.

(75)《魏書》卷101「吐谷渾傳」，「樹洛干死，弟阿豺立，自號驃騎將軍、沙州刺史。部內有黃沙，周回數百里，不生草木，因號曰沙州。」，頁2234-2235. 並見《北史》卷96「吐谷渾傳」頁65.

(76)《晉書》卷97「吐谷渾傳」，頁2541-2542.

(77)《晉書》卷126「禿髮傉檀傳」頁3154，《通鑑》卷116晉安帝義熙七年（411）二月條，頁3644，「武台」作「虎台」。

(78)《晉書》卷125「乞伏乾歸傳」，頁3122. 又《通鑑》卷116晉安帝義熙八年（412）二月條，頁3648.

(79)《晉書》卷97「吐谷渾傳」，頁2542.

(80) 《晉書》卷125"乞伏乾歸"傳，頁3122；"乞伏熾磐傳"，頁3123.

(81) 《晉書》卷125"乞伏熾磐傳"，頁3123－3124.《通鑑》卷116晉安帝義熙九年（413）四月、七月、九月條，頁3649、3662，惟《通鑑》不記熾磐擊樹洛干于澆河事.

(82) 《通鑑》卷116晉安帝義熙九年（413）十月條，頁3662－3663.

(83) 《晉書》卷125，"乞伏熾磐傳"，頁3125.《通鑑》卷118晉安帝義熙十三年（417）二月條，

頁3699.

(84) 《晉書》卷97"吐谷渾傳"，頁2542. 以樹洛干嗣立於公元405年而卒於417年，則其在位當為十三年，非九年。

(85) 《晉書》卷125"乞伏熾磐傳"，頁3125.

(86) 阿豺既為樹洛干同母弟，則其生年不應早於樹洛干之生年即公元三九三年，而亦不應晚於其父視羆之死年即公元四〇〇年。又《通鑑》記阿柴死於元嘉元年，惟據《宋書·吐谷渾傳》、《魏書·吐谷渾傳》及《北史·吐谷渾傳》均指宋文帝元嘉三年遣使封阿豺"加除命"，而會其寢病，則阿柴當死於三年，非元年也。

1

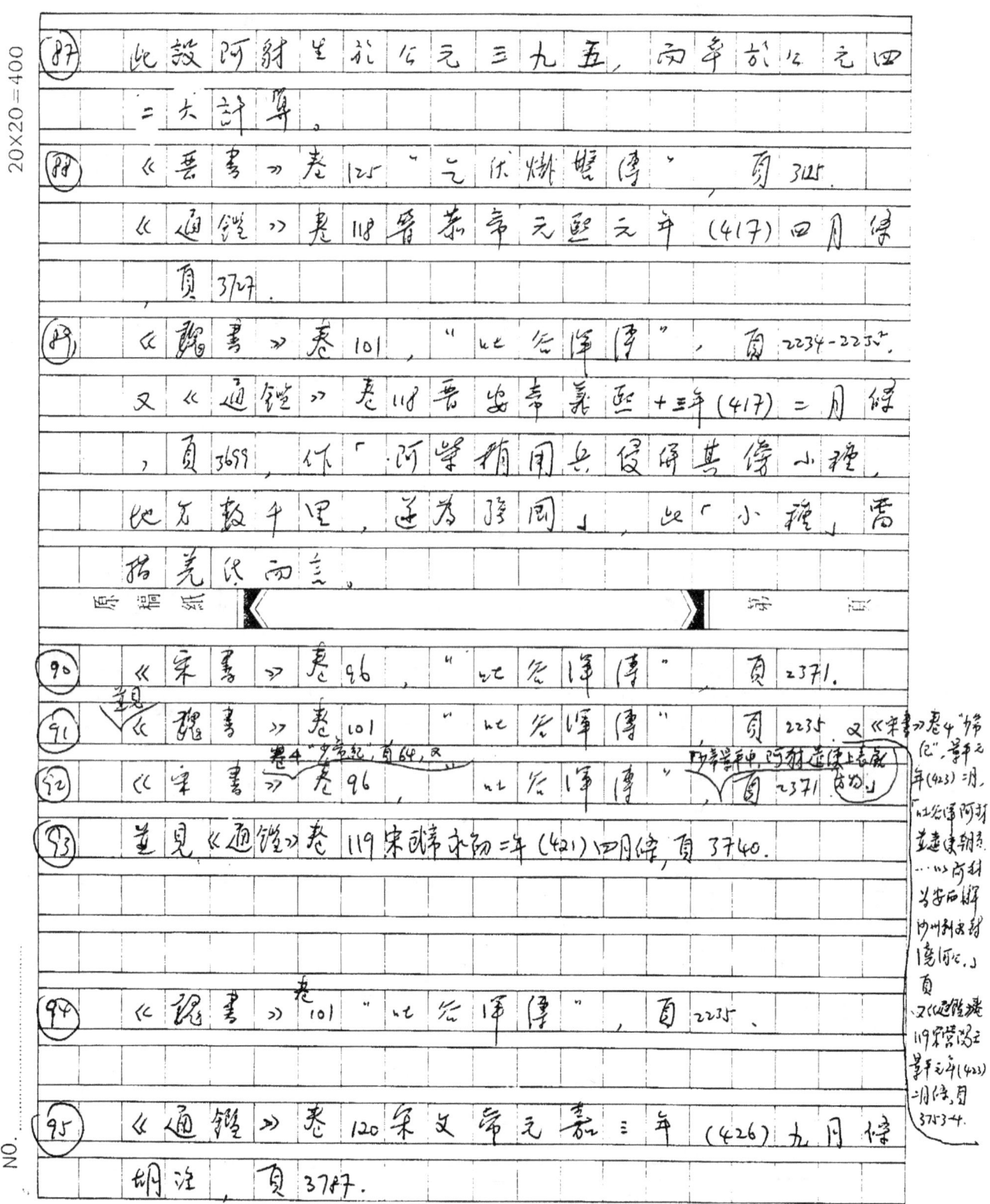

(87) 此設阿豺生於公元三九五，而卒於公元四二二大計算。

(88) 《晉書》卷125 "乞伏熾磐傳"，頁3125.
《通鑑》卷118晉恭帝元熙元年(417)四月條，頁3727.

(89) 《魏書》卷101，"吐谷渾傳"，頁2234-2235.
又《通鑑》卷118晉安帝義熙十三年(417)二月條，頁3699，作「阿豺稍用兵侵伐其傍小種，地方數千里，遂為强國」，此「小種」當指羌民而言。

(90) 《宋書》卷96，"吐谷渾傳"，頁2371.

(91) 《魏書》卷101 "吐谷渾傳"，頁2235。又《宋書》卷4 "文帝紀"，頁64，又

(92) 《宋書》卷96，"吐谷渾傳"，頁2371.

(93) 並見《通鑑》卷119宋武帝永初二年(421)四月條，頁3740.

(94) 《魏書》卷101 "吐谷渾傳"，頁2235。

(95) 《通鑑》卷120宋文帝元嘉三年(426)九月條胡注，頁3787.

又《宋書》卷4 "文帝紀"景平之年(423)四月...「吐谷渾阿豺遣使朝貢...以阿豺子吐谷渾慕璝拜沙州刺史吐谷渾王。」頁 ... 又《通鑑》119宋營陽王景平元年(423)四月條，頁3753-4.

96 《通鑑》卷120宋文帝元嘉三年（426）九月條，頁3787。

97 《通鑑》卷121宋文帝元嘉五年（428）二月條，頁3798。

98 《通鑑》卷121宋文帝元嘉六年（429）六月條。頁3811。

99 《北史》卷34，"段承根傳"，頁9上。

100 《南史》卷2"宋文帝紀"元嘉六年十二月，頁41。又《宋書》卷5，"文帝紀"，頁78，皆說"河南國"遣使獻方物。

101 見《全宋文》卷61，"外國"，頁2764。

102 《宋書》卷5，"文帝紀"，元嘉七年春正月，頁78。

⑩3 《通鑑》卷121宋文帝元嘉七年（430）十月條，
頁3822，並胡注．《宋書》卷96，"吐谷渾傳"，「
慕璝死，子茂虔（慕末）立．慕璝前後屬遣率，茂虔率部落棄奔隴右，
慕璝捺有其地」頁2372.

⑩4 《魏書》卷4上，"太武紀"，神麚四年「
六月赫連定山襲沮渠蒙遜，為吐谷渾
慕璝所執．……（八月）吐谷渾慕璝遣使奉表，
請送赫連定．乙丑，以慕璝為大將軍西秦
王」，頁78．又可參《宋書》卷95 "索虜
傳"，頁2336．又《通鑑》卷122宋文帝紀元
嘉八年（431）六月、八月條，頁3832、3833.

又《北史》卷2 "魏太武紀"，頁3下.

⑩5 嚴耕望 "唐代岷山雪嶺地區交通圖考"，
《香港中文大學中國文化研究所學報》2
卷1期，1969，香港．抽印本，頁34、35
、37.

《玄奘》/《吐谷渾》合訂本

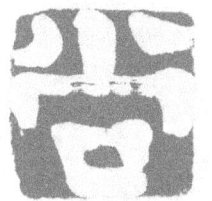

The SenSeis

尚尚齋